U0962208

APPLICATION GUIDELINES
TO ENTERPRISE FINANCIAL
SHARING SERVICE STANDARD

企业财务共享服务标准应用指南

张少峰◎主编

中国经济出版社
CHINA ECONOMIC PUBLISHING HOUSE
·北 京·

图书在版编目（CIP）数据

企业财务共享服务标准应用指南／张少峰主编．--北京：中国经济出版社，2022.3

ISBN 978-7-5136-6755-5

Ⅰ．①企… Ⅱ．①张… Ⅲ．①企业管理－财务管理－指南 Ⅳ．①F275-62

中国版本图书馆 CIP 数据核字（2021）第 249328 号

策划编辑　余静宜
责任编辑　耿　园
责任印制　巢新强
封面设计　任燕飞工作室

出版发行　中国经济出版社
印 刷 者　北京富泰印刷有限责任公司
经 销 者　各地新华书店
开　　本　787mm×1092mm　1/16
印　　张　8
字　　数　120 千字
版　　次　2022 年 3 月第 1 版
印　　次　2022 年 3 月第 1 次
定　　价　88.00 元
广告经营许可证　京西工商广字第 8179 号

中国经济出版社 **网址** www.economyph.com **社址** 北京市东城区安定门外大街 58 号 **邮编** 100011

本版图书如存在印装质量问题，请与本社销售中心联系调换（联系电话：010-57512564）

版权所有　盗版必究（举报电话：010-57512600）

国家版权局反盗版举报中心（举报电话：12390）　　服务热线：010-57512564

编委会

主　编

张少峰

参　编

刘利君　王　安　刘海燕　莫正林　吴玉玲
侯增周　易思安　孙岱如　高长忠　张晓光
魏　东　张镇远　朱灵梅　陈　宁　魏　哲
梅敬群　张　睿　林　颖　徐　华　叶爱兵
张德森　许泽民　胡　聪　潘雪梅　吴常品
蒋莉萍　纪志瑶　郁甜甜　辛文俊　张海敏
江代栋　顾舒雅　马会智　杨静静

序

目前，我国已开启全面建设社会主义现代化国家的新征程，我国经济进入高质量发展阶段，正处在转变发展方式、优化经济结构、转换增长动力的重要时期，以共享经济、平台经济、数字经济为代表的新业态、新模式成为经济发展的新动能。2022年初，国务院国资委发布了《关于中央企业加快建设世界一流财务管理体系的指导意见》，提出要以数字技术与财务管理深度融合为抓手，完善智能前瞻的财务数智体系，加快构建世界一流财务管理体系，以有力支撑服务国家战略，建设世界一流企业。随着大数据、人工智能、移动互联网、云计算、物联网等技术的快速发展，共享服务依托“平台+数据+服务”的新模式，其职能已经从对日常事务性工作的简单集中处理，延伸到推动管理模式的全面变革，逐步成为大中型企业集团及机构深化改革、转型升级、提升管理能力与运营效率的重要手段，价值作用日益凸显。

中国石化作为能源行业重点企业，顺应时代发展大势，深入贯彻落实中央关于国有企业深化改革的部署要求，坚定不移把新发展理念落实到财务管理的全过程，于2013年启动财务共享服务建设，于2017年成立了中央企业首家多职能、一体化共享服务专业公司——中国石化集团共享服务有限公司，持续深化财务转型，推动管理提升与创新；围绕全球资源整合这个财务治理能力关键指标，建立业务标准多场景，完善流程管理主框架，建设智能化共享平台，全面构建战略型集约化财务管控体系。

集约化管理是现代企业集团管理变革的大趋势。“集”就是集中、集成，集合人、财、物、管理等生产要素，并进行统一配置。“约”就是在集中、统一配置生产要素的过程中，以节约、约束、高效为价值取向。共享模式很好地平衡了控制成本与加强管理之间的关系，是实现集约化管理的重要手段，通过在全系统或一定区域内进行资源整合、流程再造、标准服务，在规范管理的同时，实现效率提升、成本降低，提高集团整体管理效能，构建总部战略中心、企业经营中心、共享服务中心“三位一体”的管理体系，为企业战略目标的实现提供支持。

近年来，在与共享行业同行的沟通交流中，我们发现，通过十几年的发展，共享服务在中国企业中进入了蓬勃发展阶段，已成为支撑大中型企业提升精细化管理水平、推动数字化转型、迈向高质量发展的重要手段。同时，我们也发现，很多企业有迫切建立共享中心的动力和决心，但由于国内没有权威的、可供参考借鉴的建设模型或实施方法论用以指导实践，在共享服务建设战略定位、组织变革、流程再造与优化、运营管理、信息系统建设、人才培养等方面面临着诸多挑战和困惑。而对于已建立了共享服务中心的企业，专业化人才培养成了共享服务中心亟待解决的核心问题。2020年，在中国企业财务管理协会的支持下，中国石化集团牵头，联合20多家中央企业和地方国企，结合大中型企业财务共享服务建设情况，总结中国石化共享服务建设实践，提炼可供行业参考的实施方法与执行标准，编写了《企业财务共享服务》团体标准，并于2021年9月首次发布。

为进一步推动团体标准的推广与应用、推动和引领共享服务行业的健康发展，本书编委会在团体标准的基础上，进一步编写形成了《企业财务共享服务标准应用指南》。本书共计6章，从共享服务的规划建设、信息技术、业务规范、运营管理、人才培养等方面对标准进行了全面解读，旨在帮助行业从业者深入了解标准体系的内容、构成和应用方法，更好地开展共享服务相关工作。

希望本书能够为共享服务的建设运营提供思路与参考，也希望广大共享服务行业工作者树立和弘扬理论联系实际的优良学风，紧密结合企业发展阶段的新变化、新趋势、新要求，合理应用《企业财务共享服务标准应用指南》，不断提高解决实际问题的能力，真正做到学以致用、融会贯通，在服务企业、改革创新、管理提升与价值创造等方面做出更大的贡献。

随着共享服务的快速发展，本书仍有许多方面需持续完善，欢迎行业同仁提出宝贵意见，谢谢。

张少峰

2022年3月　北京

目录

第一章　总体概要······1

第一节　发展背景与趋势······3
第二节　适用范围······3
第三节　总体目标与总体原则······4
第四节　术语和定义······5
第五节　内容概述······6

第二章　财务共享服务规划建设······11

第一节　规划设计······13
第二节　实施推广······25

第三章　财务共享服务信息技术······29

第一节　信息系统规划建设······31
第二节　基础信息系统······32
第三节　基础信息系统集成开发与应用······34
第四节　大数据平台······45
第五节　信息系统建设与运营······46
第六节　风险与应对措施······49

第四章　财务共享服务业务规范······51

第一节　执业原则······53
第二节　职责分工······53
第三节　建设基础与流程构建······54
第四节　基本业务······59

第五节　创新拓展业务……77
第六节　风险与应对措施……82
第七节　发展阶段评价……83

第五章　财务共享服务运营管理……85

第一节　服务型产品管理……87
第二节　组织和绩效管理……92
第三节　服务与客户管理……98
第四节　质量管理……103
第五节　风险与合规管理……105

第六章　财务共享服务人才培养……109

第一节　职业发展与规划……111
第二节　人才培养……113

第一章　总体概要

《企业财务共享服务标准应用指南》包括财务共享服务机构建设、实施、运营、人才培养等方面的内容。旨在以国内大型企业、社会化服务机构的财务共享服务实践为基础，结合财务共享服务行业的发展，从全局视角制定一套完整的财务共享服务标准应用指南，帮助读者了解财务共享服务的发展现状，更完整地理解财务共享服务机构的设计、管理、实施和运营，以便多元化开展共享服务工作，助力中国企业财务共享服务的建设与发展。

第一节 发展背景与趋势

财务共享服务是20世纪80年代兴起于国外的一种新的财务管理方式。它以降低成本为目的，通过结合科学信息技术，将不同国家、地点、区域和实体的会计业务整合，集中至共享服务机构进行记账处理和报告编制，实现集中化、统一化、标准化处理，进一步保证会计记录、报告的标准规范和结构统一，从而实现资源整合、效率提升、节约成本及服务客户，实现财务业务的专业化、标准化。

20世纪90年代以来，财务共享服务在各大跨国公司中得到广泛应用，极大地促进了相关大型企业的快速发展。2003年我国加入世界贸易组织后，国内企业逐渐意识到传统财务管理模式的局限性。传统的财务管理模式已经不能适应现代企业的创新发展趋势，主要表现在以下三个方面：一是重核算、轻管理，导致财务与业务结合得不够紧密；二是对数据背后的经营活动的分析不够深入，造成财务在价值参谋和战略决策中的决断能力不足；三是分散式财务核算与管理模式效率低、成本高，对实现集团战略目标的推动作用不强。随着国外大型跨国公司在财务共享实践方面相继出现成功案例，财务共享服务机构降低财务工作成本、提高财务工作效率、促进企业集团跨越式发展的成效显著，国内大型公司也开始建立自己的财务共享服务机构。目前，以中国石化、华为、海尔为代表的部分国内大型企业已经完成财务共享服务机构的建立，凭借其服务标准化、规范化、专业化、智能化等优势，极大地提高了服务质量与效率，降低了运营成本，增加了企业的灵活性。

然而，我国财务共享服务整体起步较晚，财务共享服务机构建设中存在对财务共享的认识不够和定位不准等短板。现阶段，在“大智移云”的新背景下，在面对不同系统间的整合与信息传输、数据深层价值挖掘等诸多挑战时，如何建立起标准、高效、适应新时代企业发展的财务共享服务机构，将成为各个企业关注的重点。未来，基于云计算和大数据的财务共享服务流程优化，将迎来全球化和虚拟化的新发展趋势。财务共享服务机构将成为企业创新驱动的引擎、人才培养的摇篮、数据应用的先锋、“业财融合”的典范和价值创造的源泉。

第二节 适用范围

本指南结合国内财务共享服务机构建设运营的经验，针对新形势下企业财务发展的需求，为各企业提供了构建完整、成熟的财务共享服务机构在规划建设、信息技术、业务规范、运营管理、人才培养等方面的总体指南。

本指南适用于大中型企业财务共享服务的建设、运营与人才培养，专业机构及社会化经济组织可参照执行。

第三节　总体目标与总体原则

一、总体目标

通过总结提炼国内大型企业、社会化服务机构财务共享服务建设、运营与推广的经验和成效，结合财务共享行业的发展趋势，制定一套包含财务共享服务规划建设、信息技术、业务规范、运营管理、人才培养与资格认证体系等内容的完整的财务共享服务标准应用指南，以推动中国企业财务共享服务的建设与发展。

二、总体原则

（一）建设指导性

本指南综合中国企业共享机构发展历程、实践经验，提供财务共享服务机构建设涉及的战略定位、变革管理、方案设计等一系列方法体系，为相关类型企业财务共享服务机构的建设与运营提供指引。

（二）实践操作性

本指南对财务共享服务机构的规划建设、信息平台搭建、运营管理体系、风险管控措施、主要业务标准制定、人才培养与资格认证体系等内容进行规范，并针对各企业特点和发展阶段，提供不同模式，注重可操作性。

（三）技术先进性

本指南以“互联网+”为依托，综合利用大数据、人工智能、移动互联网、云计算、物联网等先进技术，用中台思维构建数字化平台，使财务共享服务机构成为连接前台、后台部门的业务和数据中台，承载智能共享服务、智能管理会计和智能数据分析等功能的集中化运营管理平台，实现财务共享服务业务的智能化处理，推动企业构建智能财务体系。

（四）发展延续性

本指南立足行业发展，制定了人才能力标准与人才培养模式，注重专业能力的建设与提升，旨在为共享服务的可持续发展提供人才保障和智力支持。围绕“智慧共享、融通共享、生态共享”的发展理念，提供具有一定前瞻性的技术和业务发展方向指引，并为企业从财务共享走向人力资源共享、信息技术共享等多职能共享服务提供支持，体现了一定的前瞻性和发展的延续性。

第四节　术语和定义

一、共享服务

共享服务以顾客需求为导向，按照市场价格和服务水平协议，为企业内部多个分支机构或集团内部多个公司，以及外部企业提供跨地区的专业化共享服务。它将企业各分支机构分散式、重复性的业务融合到财务共享服务机构进行处理，以促进企业集中有限的资源和精力专注于自身的核心业务，创建和保持长期竞争优势，达到整合资源、降低成本、提高效率、保证质量、实现可持续发展的目标。

二、财务共享服务机构

财务共享服务机构是共享服务的具体组织载体，通过对人员、技术和流程的有效整合，为企业提供涉及财务、资金管理、人事、信息系统支持、法律咨询、市场营销、采购和研发等的各类流程化、标准化、专业化服务，以及专家咨询、数据分析等高价值服务。

三、财务共享服务

财务共享服务依托信息技术，以财务业务流程处理为基础，以优化组织架构、提升流程效率、降低运营成本、实现价值创造为目的，以市场视角为内外部客户提供专业化生产服务的分布式管理模式。财务共享服务通常将费用报销、应收、应付、总账、固定资产等核算业务以及资金结算、报表编制等业务进行集中处理，将企业各种财务流程集中在一个或多个特定的地点和平台来完成。

四、财务共享服务基本业务

财务共享服务基本业务是指由财务共享服务机构完成，对纳入财务共享服务的企业经济活动进行的会计核算、资金结算、报表出具等业务。

五、中台思维

企业数字化转型背景推动了中台思维的产生，“数字化”悄然替代了“信息化”，数字化技术的快速发展带来了企业商业模式的变化和经营管理、财务管理等模式的转变。企业推进财务共享服务机构建设或接受社会机构的共享服务，旨在建成业务中台、数据中台，发挥其“承前启后”的重要作用，直接对接前台的市场与销售部门以及后台的财务、人力资源等部门，实现数据的集中、业务处理的集中，提升效率，避免信息系统的重复建设。业务中台立足将后台资源进行抽象包装与整合，转化为前台友好、可共享的核心应用能力，实现后端业务资源到前台易用能力的转化。数据中台立足后台及业务中台的数据流入，完成海量数据的存储、计算、产品化包装过程，构成企业核心数据能力，为前台数据的定制化创新和业务中台基于数据反馈的持续改进提供强大支撑。

六、业务中台

业务中台通过业务模型、业务构件、机器人流程自动化（Robotic Process Automation，RPA）组件等资源，将不同系统相同功能的服务聚合起来，统一标准规范、出口，形成面向未来业务流程的、可复用的平台组件。

七、数据中台

数据中台是用技术连接大数据计算存储能力，用业务连接数据应用场景能力的平台。

八、技术中台

技术中台将企业的技术能力进行整合和封装，最大限度地过滤建设中烦琐的技术细节，为前台、业务中台和数据中台提供发展快速、简单一致、易用便捷的应用技术基础设施能力接口。

第五节　内容概述

通过总结各企业财务共享服务机构的构建要点，本指南主要对财务共享服务机构从筹建到运营的具体运作内容进行重点阐述，包括规划建设、信息技术、业务规范、运营管理和人才培养五个方面，为企业建立财务共享服务机构提供相关指引。

一、财务共享服务规划建设

本部分为大中型企业集团提供规划建设财务共享服务机构的相关指南。企业可结合自身的战略规划、管理理念、当前规模、组织架构、信息技术水平等情况进行选择。

财务共享服务机构规划建设方案主要适用于大中型企业集团，包含目标与定位、建设应具备的条件、组织架构设计、能力需求及用工设计、选址方法、共享服务业务范围选择、流程设计和信息系统搭建、风险及应对措施等。

财务共享服务机构实施方案主要包含不同发展阶段的实施路径、业务推广与拓展路径、标准化梳理与流程设计标准、成功运营关键要素、成员企业的变革支持等。

二、财务共享服务信息技术

（一）信息系统规划建设和应用原则

财务共享信息系统的规划、建设和应用应秉承中台思维，立足业务中台、数据中台定位，遵循适用性、整体性、智能化、延展性、低耦合等原则。重点关注企业前台、中台、后台之间的信息连接，打通各环节壁垒，通过信息系统的统一搭建与集成整合，实施云部署，实现共享服务跨越空间距离处理业务。充分利用RPA、光学字符识别（Optical Character Recognition，OCR）等智能技术，为企业提供高效便捷的远程服务。

（二）信息系统内容与功能

将财务共享服务机构的发展初步分为业务迁移阶段、优化提升阶段、智能共享阶段等不同阶段。在业务迁移阶段，共享信息系统应至少具备财务业务处理和运营管理功能，通过数据整合和系统集成，实现信息集中、资源协同；在优化提升阶段，共享信息平台应加强与采购交易系统、生产经营系统、营销管理系统等的结合，实现业务链与数据链的集中，形成“业财税一体化”的财务共享服务机构，注重业务标准化、数据标准化，强调“端到端”流程的重构与优化；在智能共享阶段，共享信息平台应着眼于大数据中心的建设与平台的云部署，注重数据分析与挖掘、模型策略与架构设计，为企业管理决策提供支持。

（三）信息系统建设与运营标准

财务共享信息系统的整体架构应以企业前台、中台、后台之间的信息连接关系为基础，按照业务流程对信息平台进行规划设计，通过与业务、财务、税务及外部系统进行集成，搭建统一系统平台；同时结合成员企业的场景化需求，体现易用性，满足其不同管理需求。运营过程中应结合不同场景，专注场景融合，持续开展系统迭代。一方面要能够支撑业务处理规模，保持系统的稳定性；另一方面要持续开展系统集成与智能化处理，充分利用RPA、OCR等技术提升业务处理的时效。

三、财务共享服务业务规范

财务共享服务业务规范是为大中型企业财务共享服务业务提供的规范，由基本业务规范和创新拓展业务规范组成。基本业务规范主要规范与财务会计相关的核算、报表、结算等业务，创新拓展业务规范主要规范与财务管理相关的数据分析、流程咨询、风险防控、决策支持等业务。

财务共享服务基本业务规范，规范了企业投融资、生产经营、采购、营销、并购重组等环节具体业务场景的会计核算、资金结算和报表出具等相关活动，分为采购至付款、销售至收款、费用报销、账务至报表、会计档案流转与归档五个业务模块，并结合不同企业的规模、业务特点等，提出了合理的业务划分标准。各模块分别从业务范围、业务流程、职责分工和风险防控四个维度进行规范，明确业务交付标准、质量和效率要求等。

财务共享服务创新拓展业务规范，规

范了与财务管理相关的规划、决策、控制和分析等活动。财务共享服务为企业业务中台、数据中台如何在战略管理、预算管理、成本管理、资金管理、税务管理、投融资管理、风险管理、绩效管理等活动中发挥重要支撑作用，从流程设计、数据治理、模型搭建、数据分析、可视化开发、管理报告提供等维度进行了具体规范，专注于数字技术、流程优化和管理创新能力的培育，致力于企业管理活力的激发，聚焦于企业价值创造能力的提升。

四、财务共享服务运营管理

财务共享服务运营管理规范是为大中型企业集团自建财务共享服务机构提供的运营管理标准规范，主要针对服务产品（目录）的确定、需求管理与分析评价流程、知识库管理、“端到端”流程的持续优化与业务赋能管理、定价与收费、质量管理与运营绩效监控、服务体验管理与满意度评价、员工管理等提供相应规范建议。

大中型企业集团大多选择自建财务共享服务机构，旨在建设集团范围内业务与数据中台，以规范业务标准、优化再造流程、重塑业务模式、推动企业数字化转型。财务共享服务运营管理规范主要规范以下六个方面的内容：一是纳入共享服务的业务范围。结合各企业特点以及企业数字化转型进程，合理划分规模型、现场型、专家型业务等内容，提供业务划分规范建议以及分步迁移策略。二是企业持续的需求梳理与分析评价。提出企业经营管理“端到端”流程优化方面的规范建议。三是服务定价与协议相关规范建议。提出具体的定价原则、协议约束的主要项目等。四是质量管理与运营监控建议。提出财务共享服务的质量管控方法、质量管理指标、运营绩效评价等相关规范建议。五是服务体验与满意度评价相关规范建议。企业自建财务共享服务机构无论是作为实体的利润中心，还是内部职能性质的成本中心，均以第三方视角开展服务或管理，据此提出服务体验与满意度评价相关的规范建议。六是人员管理。提出不同岗位人员素质要求、人员流动建议、培养方向规范建议等。

五、财务共享服务人才培养

随着财务共享服务行业的快速发展，以及大数据、智能化、移动互联网、云计算等技术向管理领域的渗透与延伸，共享服务呈现出产业化的发展趋势，既有的财务人才培养体系、评价标准、培养方向均发生了较大变化。一方面，财务专业分工更加细化，需要一批熟悉财务会计基础知识和信息化流程的复合型作业人员；另一方面，随着业财加速融合，需要一批懂管理、精通财务会计与管理会计专业知识、精通企业信息化知识的复合型专家人才。

财务共享人才培养应紧密结合企业需要，构建人才培养体系，建立初级（应用型）、中级（专家型）、高级（战略型）人才能力培养框架体系。

初级人才培养内容侧重于财务共享服务建设、实施、运营等相关的通用性、基础性知识。初级人才应掌握财务基础知识和信息化基本知识，并具备业务处理和系统操作基本技能。

中级人才培养内容侧重于财务管理与会计工作的标准化、新技术创新与场景化融合、风险防控等方面。中级人才应具有财务标准化管理和标准制定能力、业务流程设计和优化能力。

高级人才培养内容侧重于企业管理创新、数字化策略研究、数字化决策与分析模型建设及应用等专业知识。高级人才应具备能够理解并推动业财融合、数据挖掘和应用的能力，能提出标准化与流程优化在信息系统的落地应用方案，掌握自动化、智能化技术。

人才培养可采取企业自培与社会培养两种方式。企业自培主要采取内部实训、知识传递、业务竞赛等形式；社会培养主要采取基于能力框架的课程培训、行业人才认证考试等形式。

第二章　财务共享服务规划建设

企业财务共享服务规划建设是一个科学、系统的大工程，其成功既需要科学理论的指导，又需要借鉴国内外先进企业财务共享服务机构的经验，更需要从企业自身战略目标与实际情况出发。规划建设包括规划设计与实施推广两个阶段。本章擘画了企业财务共享服务的“图纸”，从组织机构与人员、信息技术、业务范围、业务流程等方面进行规划设计，从准备、启动与运行三个阶段的工作内容、存在的风险和应对措施介绍实施推广企业财务共享服务的方法。

第一节　规划设计

一、调研分析

（一）调研目的

通过调研数据及分析结果评估企业管理现状、各层级人员对财务共享服务的理解和态度、财务共享服务实施的基础环境等相关信息。

（二）调研内容

1. **外部调研**

主要包括：国家及地方政策、法律法规；建设财务共享服务机构的行业特征；企业财务共享服务机构的建设运营情况，如财务共享服务的目的和定位、选址、业务范围、信息系统建设、人员配置及薪酬等。

2. **内部调研**

主要包括：实施主体的规模（企业集团的扩张程度，下属分/子公司数量）、现状和中长期发展规划；组织架构和管理模式；业务系统、运营平台等信息技术现状；实施主体的业务管理水平及流程现状；各层级人员对实施财务共享服务的意愿。

（三）调研作用

外部调研能够帮助企业全面了解财务共享服务机构的建设实施情况、自身所属行业财务共享服务机构的发展情况，汲取不同企业财务共享服务机构的建设及运营经验，掌握不同区域的财税政策、人力资源成本、信息技术等情况。

内部调研能够帮助企业全面完整地了解自身组织、管理和业务现状，为企业进一步优化改造以满足财务共享服务机构建立的条件提供支持。同时，通过调研可以加深对自身的了解，能够准确预估财务共享服务机构建设实施的难易程度及投资情况。

（四）报告内容

财务共享服务项目现状调研报告主要包括架构体系分析、业务流程分析、组织人力分析、信息系统分析。

架构体系分析主要包括对管理建构、部门结构、与其他部门的协同关系、战略定位等现状的综述和分析。

业务流程分析包括对企业业务类型、范围及业务管理流程的梳理和分析。

组织人力分析包括对部门的人员结构、运行情况、管理模式及其制度现状的阐述和分析。

信息系统分析包括对各类相关信息系统的功能和作用、各系统间集成情况及其对企业流程的影响的梳理和分析。

二、目标与定位

（一）建设目标

1. **提供财务业务支持，优化资源配置**

依据企业功能需求，建设合适的财务

共享服务信息平台体系，将企业的会计核算、资金收付、增值税管理、报表出具等共同的、可标准化的业务进行集中，从而优化企业内部资源配置，利用集中处理的规模效应，有效降低成本，提高工作效率和服务水平。

2. **持续规范优化，强化风险管控**

在业务集中的基础上，进一步规范标准，持续进行流程优化改造，精减流转环节，匹配实物流、资金流、信息流，提高业务流转效率和质量，组建专业团队加强财务稽核。同时，可将企业内部控制管理嵌入流程中，有利于企业的整体管控和风险防范。

3. **促进财务转型，推动企业发展**

建立财务共享服务机构，形成战略财务、业务财务、共享财务“三位一体”的发展格局，有利于强化企业战略支撑。

（二）定位设计

不同企业建立财务共享服务机构的目标各不相同；同一个企业，在不同时期，财务共享服务的定位也会发生变化。

1. **业务处理中心**

财务共享服务机构将企业内部的财务核算、资金收付、报表出具、档案管理等业务进行集中处理，以降低成本、提高效率，在集中统一的基础上持续开展财务业务标准化和规范化建设，加强财务稽核，强化管控与监督，有效防范与控制风险。

2. **流程创新中心**

财务共享服务机构在标准化与规范化的基础上，持续进行业务流程优化改造，精简完善业务处理流程，进行“端到端”全业务链条流程再造。随着信息技术和智能设备的持续升级，以及机器人的开发应用，逐步实现财务共享服务的标准化、自动化、智能化。

3. **数据共享中心**

积极创新大数据管理与应用技术，将业务、财务数据集中整合为企业大数据库，构建以中台架构为核心的数字企业管理及决策平台，实现企业数字化转型。围绕“聚焦企业价值创造”，深度融合大数据、人工智能、物联网、区块链和智能引擎等新技术，进一步与应用场景进行连接，实现数据精细化管理运营，驱动大数据全产业链加速形成。

4. **人才培养中心**

财务共享服务机构通过制定人才发展规划、设立人才标准、完善人才管理机制、加强专业能力培训体系建设，分层、分类打造专业人才队伍，推动各类人才有序流动、协同培养和快速成长，逐步成为企业财务体系的人才储备、培养和输送基地。

（三）职能设计

财务根据其职能的不同，可划分为战略财务、业务财务和共享财务三种类型。

战略财务专注于集团战略管控。负

责规划财务战略，制定财务政策与制度，研究国家财税政策，研究价格体系及企业发展合作，开展财务预测、价值评估，确定财务业务标准，规范和统一财务业务流程，组织财务监管和考核等管控型工作。

业务财务承接企业集团管理控制要求，落实业务绩效，对业务的合法性、真实性负责，预测与分析企业经营情况，负责企业各类项目的评估、评价，以及财务业务管控、税务申报与沟通等经营型和现场型工作。

共享财务负责为企业提供高效、规范的会计核算、报表出具、资金结算等服务，落实风险防控要求；挖掘财务数据价值，提供财务分析支持；提供财务专家咨询、政策研究、业务培训服务；提供财务流程设计和优化提升、财务信息化服务，对服务的准确性、规范性、及时性负责。

三、业务范围设计

（一）财务业务类型

根据业务性质和特点，财务业务可分为管控型、经营型、专家型、规模型和现场型五大类。

管控型业务。指为防范集团经营风险而进行的战略规划、政策制定和监督执行等工作。

经营型业务。指为实现企业经营目标而制定的运营策略；为保持和提升企业竞争力，面向市场、面向客户开展的活动；为防范企业经营风险而进行的与企业经营业务息息相关的管理工作；或者企业比较独特的工作。

专家型业务。指具有较高专业技术知识水平，善于谋划、决策和管理的行家里手能够胜任的工作。

规模型业务。指集团各企业共同存在的，业务量大且具有重复性、分散性、可标准化等特点的工作。

现场型业务。指由业务人员在业务现场完成的各种操作类工作。此类工作由于受到空间限制，只能在业务发生现场面对面地操作完成。

（二）业务范围设计要求

1. 基本业务

基本业务应从业务处理的集中性程度、规范性程度、流程标准化程度和业务处理自动化程度等几个维度确定。重复性高，劳动密集，或已具有标准化工作流程、可自动化处理的业务可纳入财务共享服务基本业务。

2. 创新拓展业务

创新拓展业务指基本业务以外的业务，主要利用企业基本业务提供的数据，根据企业个性化需求，在不涉及或能够保证企业商业机密不被泄露情况下为企业提供咨询、数据分析、风险防控等方面的服务。

（三）业务范围筛选

财务共享服务业务范围应从业务性质、成本效益以及企业的需求定位三个方面进行筛选。

在业务性质方面，纳入财务共享服务的业务应具有业务量大、重复发生、易于标准化且有同质性等特点。

在成本效益方面，通过成本分析，对现有业务流程及实施财务共享服务之后的流程的工作人数和成本进行分析对比，根据分析结果，选择适合的业务纳入财务共享服务业务范围。

在需求定位方面，除规模型基础财务业务外，专业程度高、难以标准化的咨询服务、数据分析、风险防控等个性化业务，应作为创新拓展业务逐步被纳入财务共享服务。

（四）确定业务范围

对已有的业务范围进行筛选，从而确定财务共享服务的业务范围。应首先确定能实现、易见效的规模型、现场型基本业务，再根据需要逐步扩大到经营型、专家型和管控型创新拓展业务。

基本业务主要包括但不限于销售至收款、采购至付款、费用报销、账务至报表以及档案流转与归档等。

创新拓展业务主要包括专家咨询、风险防控、流程标准、信息运维开发、数据分析和供应链金融服务等。

四、组织架构设计

（一）设计原则

流程化运作。以流程化运作为主要管理模式，追求工作效率，提升风险控制水平。

同质业务归并。对同一性质的业务，如成本费用、工程资产、资金结算等进行归集，以保证该业务的统一。

高效协作。内部组织间能够相互提供协作和支持，并保持顺畅、高效和充分的协作关系。

管理跨度合理。保持合理的管理跨度，以保证各个组织之间、财务共享服务机构经理与各组织成员之间的管理沟通。

（二）组织类型及架构设计

根据企业对财务共享服务机构的建设目标及定位，可将组织类型划分为内部职能中心、独立运营责任主体、专业公司三种。

1. **内部职能中心**

这一类型的财务共享服务机构是为企业内部提供跨组织、跨地区的专业支持服务，提供深入价值链的业务支持及决策支持。核心在于成本的控制、信息质量的提升、财务的集中管理及对财务风险的控制。

定位为内部职能中心的财务共享服务机构作为集团财务部下属部门，将集团及企业的财务会计核算职能剥离出来，集中进行处理。财务共享服务机构采取集中办公模式时，定位为内部职能中心的财务共享服务机构架构如图2-1所示。

随着互联网技术的飞速发展、管理水平的不断提升，财务共享服务机构的办公模式也逐步多元化，既可以采取集中办公模式，也可选择分散办公模式。在安全措施完善的情况下，财务共享服务机构的员工可以在各地通过云平台进行协作办公。财务共享服务机构采取分散办公模式时，定位为内部职能中心的财务共享服务机构架构如图2-2所示。

2. **独立运营责任主体**

这一类型的财务共享服务机构是在企业内部依据市场机制建立的服务机构，为企业内部组织、外部单位提供专业服务，一般是虚拟经营单位，有规范的结算标

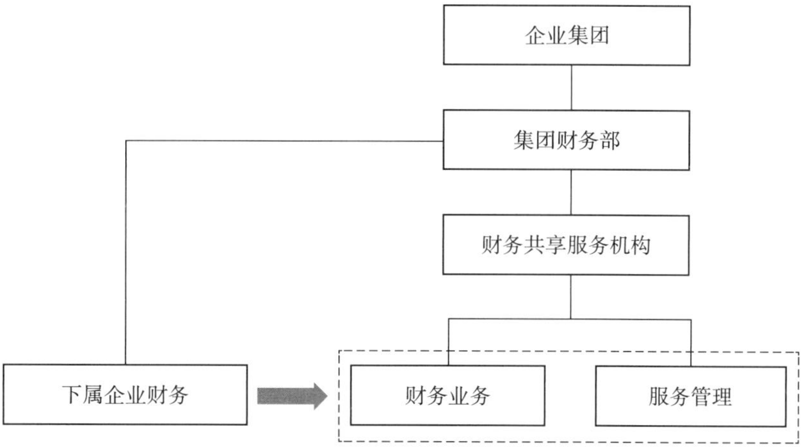

图 2-1　定位为内部职能中心的财务共享服务机构架构（集中办公模式）

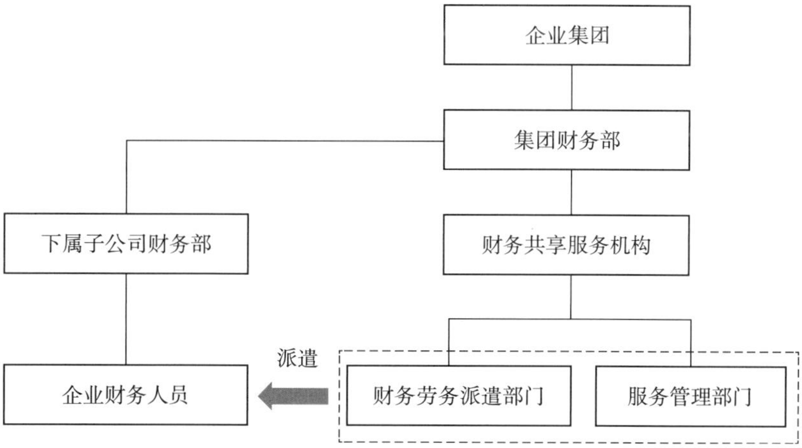

图 2-2　定位为内部职能中心的财务共享服务机构架构（分散办公模式）

准，对服务对象按协议收费。定位为独立运营责任主体的财务共享服务机构架构如图2-3所示。

3. **专业公司**

这一类型的财务共享服务机构是独立经营的专业技术公司，为企业内部、外部客户提供共享服务（产品），以价值创造、盈利能力作为重要的发展指标。定位为专业公司的财务共享服务机构架构如图2-4所示。

五、人员规划设计

基于财务共享服务机构的组织架构，根据企业当前运营情况、分布城市、人员结构、人工成本、工作碎片化情况，对其人员规模、能力需求及岗位进行规划设计。

人员规模测算需要根据财务共享服务机构的业务范围和不同岗位业务性质，选择科学合理的测评方法，测算出各岗位的人员需求数量。人员配置首选企业财务人力资源整合，结合企业财务人员的能力和意愿进行合理的规划。在人力资源整合过程中应注意企业原财务人员所占比例，避免过多的外部招聘。

（一）能力需求与岗位设计

财务共享服务机构在进行岗位设计时应考虑以下因素：

岗位与技能匹配。不同岗位对员工的技能、工作经验要求不同。

岗位与能力匹配。员工能力包括员工的专业能力、创新能力、沟通能力、学习

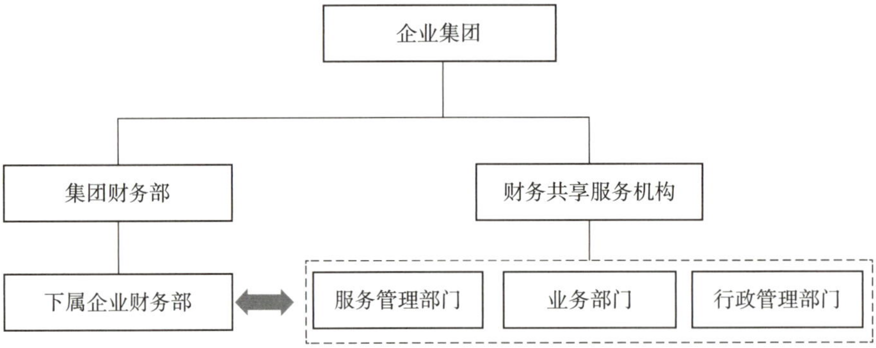

图 2-3　定位为独立运营责任主体的财务共享服务机构架构

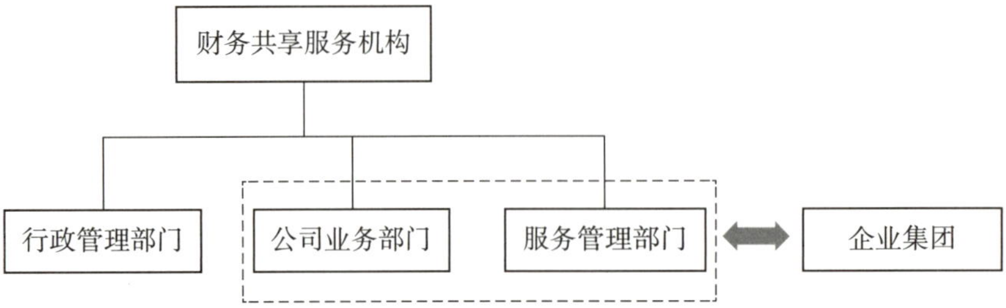

图 2-4　定位为专业公司的财务共享服务机构架构

能力等。

岗位与空间匹配。在设置岗位时，应充分考虑员工的发展空间，包括岗位与岗位之间的空间距离、员工个人的发展要求。

在财务共享服务机构建设运营的不同阶段，需要根据不同的能力需求，配置、储备合适的人才，组建合适的团队。

一是规划建设阶段。在该阶段，团队人员应对企业的发展战略目标有清晰的把握；熟悉企业业务操作及需求，并能够系统掌握会计核算、财务管理及信息系统知识；具有较强的变革意识，能够理解企业未来的战略发展方向及财务共享服务的意义；具备较强的综合素质和丰富的项目管理经验。

二是运营阶段。根据财务共享服务的发展阶段，运营阶段又可以分为建设初期阶段、优化提升阶段、卓越运营阶段，人员构成大致可以分为业务人员、技术人员、管理人员三类。业务人员负责各个部门的具体工作；技术人员应具备财务信息化、标准化、流程优化、内部控制、内部风险管理等能力；管理人员主要负责各个部门的日常运营管理工作。

各阶段岗位能力需求如表2-1所示。

（二）人员配置

1. 用工测算

用工数量的测算可采用预算控制定编法、业务数据分析定编法及行业对标比例定编法。

表 2-1　各阶段岗位能力需求

阶段划分		能力需求	团队配置	岗位配置及占比	来源渠道
规划建设阶段		统筹规划能力、项目管理能力、财务专业能力、信息技术能力	项目建设团队、信息系统顾问	管理岗（50%）、财务业务支持岗（50%）	企业中层领导、企业财务骨干、企业信息技术骨干
运营阶段	建设初期阶段	沟通协调能力、财务专业能力、信息技术能力、培训输出能力	业务推广团队、信息系统顾问、业务处理团队	管理岗（20%）、财务业务支持岗（25%）、运营支持岗（10%）、业务岗（45%）	企业财务人员
	优化提升阶段	管理分析能力、财务专业能力、信息技术能力	经营管理团队、信息系统顾问、业务处理团队	管理岗（15%）、财务业务支持岗（15%）、运营支持岗（10%）、业务岗（50%）、专家中心（10%）	外部人才招聘、内部人才培养
	卓越运营阶段	管理分析能力、开拓创新能力、前瞻能力、财务专业能力	经营管理团队、流程优化团队、智能开发团队、专家咨询团队	管理岗（15%）、财务业务支持岗（15%）、运营支持岗（15%）、业务岗（35%）、专家中心（20%）	外部专业人才招聘、内部人才培养

（1）预算控制定编法

通过人力成本预算的金额或比例控制在岗人数，而不对某一部门或某类岗位的具体人数做硬性规定，适用于控制企业或部门整体的用工数。具体测算公式如式（2-1）所示。

$$\text{企业定编人数}=\frac{\text{年销售总额}\times\text{预算人力费用率}}{\text{年人均人力成本}} \quad (2\text{-}1)$$

（2）业务数据分析定编法

根据业务数据变化来确定员工人数，通常适用于员工人数与业务数据关联性较强的业务岗。具体测算公式如式（2-2）所示。

$$\text{业务岗定编数}=\text{月平均业务总量}\times\text{回归分析方程得数} \quad (2\text{-}2)$$

（3）行业对标比例定编法

通过行业内该类岗位人数与另一类岗位人数的比例来确定该岗位人数。由于专业化分工和协作的要求，不同岗位的人员需求量之间存在一定的比例关系，并且两者的变化相互影响。适用于财务共享服务机构管理岗、支持岗、专家中心等岗位。具体测算公式如式（2-3）所示。

$$\text{岗位定编人数}=\text{业务岗人员总数}\times\text{行业内对标企业定员比例} \quad (2\text{-}3)$$

2. **转型发展**

集团内部员工根据业务流程调整，分配新岗位；应及时做好相应的培训和能力提升，以满足新岗位要求。

3. **职业规划**

建立人才成长通道，培养人才梯队，满足不同发展阶段的人才要求，关注人才输出。

4. **流失控制**

营造良好的企业文化氛围，建立完备的薪酬体系，岗位设置充分考虑员工的发展空间，了解和满足员工的合理需求。

六、选址设计

（一）选址考虑要素

1. **成本效益**

考虑当地薪资水平、物价指数、办公场所租赁/购置价格、员工的安置和培训成本。

2. **人力资源**

考虑充足的劳动力供给、人员的素质和当地高校数量。

3. **当地环境**

考虑政治环境、基础设施、通信设施和经济发展水平。

4. **税收法律**

考虑税收制度与优惠政策。

5. **财务共享服务机构定位和组织类型**

作为业务处理中心和集团的职能部门的财务共享服务机构，应充分利用企业现有资源，将较低的综合运营成本、丰富的人力资源作为主要的选址条件，优先选择经济相对发达、人口基数大、收入水平适中的中西部城市。

作为流程创新中心和集团内独立运营的责任主体的财务共享服务机构，应选择距离集团公司较近、教育水平和信息技术水平较高、能够提供大量专业技术人才和强大技术支撑的城市。

作为数据共享中心、未来可能独立为专业公司的财务共享服务机构，应优先选择经济发达，技术先进，大型企业聚集，人力资源丰富、优质，国家政策优越的长三角、珠三角地区。

如果集团公司包含海外业务，财务共享服务机构在选址时还应考虑所选区域对海外服务企业的商业文化的熟悉程度及其相似性。

（二）选址步骤

明确选址需求、制定选址标准、初始化备选城市清单、为备选城市打分、考察重点城市、确定目标地址。

七、业务流程设计

（一）流程设计原则

标准化原则。提炼同类业务的共性，通过制定、发布和实施标准达到统一，便于优化流程，提高操作效率。

科学化原则。流程设计应采取与业务运行效率相匹配的科学方法，保证流程运行顺畅，适应集团未来业务拓展方向，推动战略目标的实现。

自动化原则。流程应充分利用信息技术平台自动化功能，减少人工操作，提高流程效率。

“端到端”原则。从业务源头对涉及业务管理、财务管理的环节进行分析，实现全流程“端到端”的优化和提升。

业财联动原则。优化流程审批节点，加强财务向业务的延伸，实现业财联动，增强业务支持能力。

强化管控原则。梳理直接或间接影响财务管理环节的可能风险点，固化系统控制，实现在线管控。

（二）流程设计内容和步骤

流程设计内容包括采购至付款、销售至收款、费用报销、账务至报表、档案流转与归档等基本业务流程，以及问题反馈、投诉纠纷、客户回访等运营交互流程。

流程设计步骤包括流程的梳理、分析及设计。

1. 流程梳理

横向梳理：通过梳理找出企业中能够实施财务共享的业务流程。

纵向梳理：明确企业流程中各个节点的职责划分。

2. 流程分析

通过对现有流程进行需求分析、内控

要求及风险控制分析、流程稳定性测试、流程再造投入产出分析等，找出满足企业需求、能够创造价值的流程。

3. **流程设计**

流程设计阶段的工作目标是确定财务共享服务机构操作流程。主要工作内容包括：

（1）确定财务共享服务机构职责分工原则

确定财务共享服务机构与企业职责分工的大原则，清晰界定双方的责任，确定流程设计的原则和基础。

（2）基于标准化流程拆分单元流程

以会计核算标准化流程为基础，对流程进行分解，形成完全覆盖会计核算标准化流程的单元流程清单，确保每个单元流程均以“端到端”的方式展现。

（3）按业务线条梳理交互流程

根据职责分工原则，在单元流程基础上，切分共享服务与企业财务的职责界面，设计各流程中财务共享服务机构与企业财务的交互节点，为详细设计共享服务流程奠定基础。

（4）结合信息系统细化流程设计

以单位流程为基础，结合信息系统，分别设计共享服务发起、执行、交付确认的完整操作流程，梳理流程详细步骤，细化步骤操作内容及规范，形成财务共享服务流程设计方案。

（三）流程优化

1. **原则**

应以公司整体战略为前提，以满足企业客户需求为导向，在保证成本、效率和合规性的基础上，对业务流程持续进行优化改进，确保流程活动不断增值提效。

2. **方向和依据**

基于财务共享服务机构流程的运作时效、成本、质量和服务数据，对流程进行跟踪和评估，不断校正优化方向，最终获取流程的最大效益。

3. **方法**

流程优化方法主要包括PDCA循环、六西格玛等。

（1）基于PDCA循环的流程优化

基于PDCA循环的流程优化如图2-5所示。

（2）基于六西格玛的流程优化

六西格玛是一种以客户为中心的方法论。在六西格玛的具体应用中，DMAIC方法适用于服务性业务流程的质量管理。DMAIC是指由定义、测量、分析、改进、控制五个阶段构成的过程改进方法。基于DMAIC方法，财务共享服务机构可以借助信息系统及统计方法，对业务流程进行成熟度评估和对标分析，全面识别优化点、风险点；对有质量缺陷的业务流程组织专家团队进行攻关，提出优化改进方案，并组织落实，以改进服务周期、质量，同时

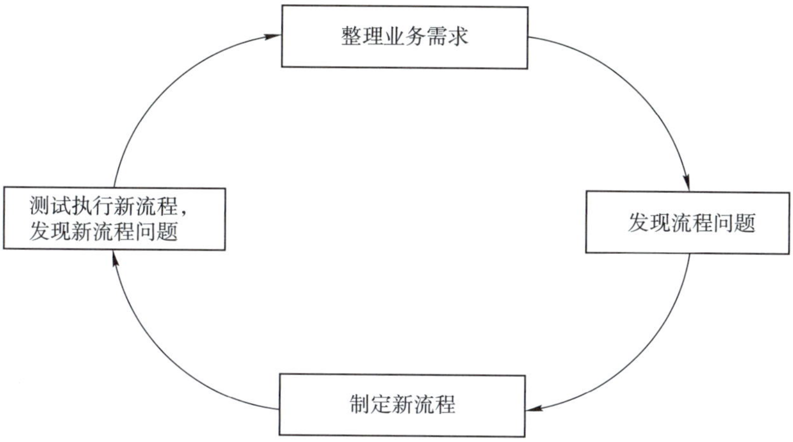

图 2-5　基于 PDCA 循环的流程优化

通过降低不良成本来增加利润；定期对优化方案的落实情况进行评估，更新流程成熟度，持续优化质量管控流程，实现提高服务质量的目标。

4. **需求内容**

流程优化的需求主要来自问题导向、绩效导向、变革导向三个方面。问题导向关注错误率高、投诉率高、流程设计欠佳的流程；绩效导向主要满足企业提升组织绩效的需求，寻求流程的优化；变革导向是指当企业组织内部发生变化时，必须通过优化流程来适应新组织结构的需要。

（四）流程管理

通过对流程进行持续监控，不断修正、改进、优化现有流程，使工作效率和质量达到最优。在合规的前提下，根据客户的实际需求和出现的新业务设计新流程、减少原有流程或进行业务流程整合。

八、信息平台设计

财务共享信息平台的整体架构应以企业前台、中台、后台之间的信息连接关系为基础，按照业务流程进行规划设计，通过与业务、财务、税务及外部系统的集成，搭建统一系统平台，并结合成员企业的场景化需求，体现易用性，满足其不同的管理需求。

（一）架构设计

1. **财务共享信息平台架构整体框架**

服务共享信息平台架构由共享前台（即业务应用入口）、共享中台（即共享服务平台）、共享后台（即内部运营平台）等系统共同组成，系统之间无缝连接、数据规则统一，实现业务流、工作流、信息流和资金流等的高度一致。财务共享信息平台的总架构逻辑即共享前台、中台、后台之间的信息连接关系如图2-6所示。

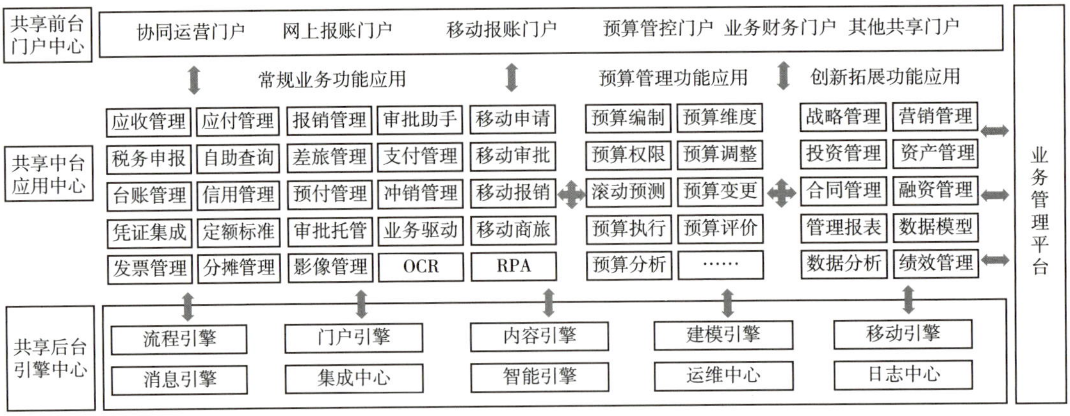

图 2-6 财务共享信息平台架构逻辑

2. **架构规划**

财务共享信息平台架构规划是对财务共享运营平台（包括作业平台、派工）、报账平台（企业提报业务平台）、绩效管理平台、客户服务管理平台、员工个人信用管理平台、财务账务处理模块（如总账）、业务处理模块软件产品（如合同台账）、系统运营硬件等进行规划。

在搭建初期，应满足核算集中、资金集中和数据集中的要求，逐步搭建费用报销系统、影像系统、核算系统、资金系统和运营管理系统，并随着业务范围的扩大，不断优化和完善系统功能。

在稳定运营阶段，根据企业的战略目标和服务定位，搭建共享服务平台、员工自助报销和预算管理等系统，实现预算管控和核算集中的规范管理，以顺应企业发展的阶段性目标和长远规划。

在战略服务阶段，为企业战略决策提供必要的支持和优质服务，实现企业价值最大化。战略财务、多维成本盈利性分析、商旅平台与财务电子档案可根据企业发展情况适时纳入信息平台的阶段性建设目标。

（二）设计考虑因素

数据。统一系统主数据，保证数据口径一致。

流程。规范系统流程，保证运行规则一致。

权限。确定系统权限，保证应用安全。

功能。平台应用功能应在业务场景需求调研的基础上进行规划，以最大限度满足业务需求。

技术。应符合企业需求和国家相关标准，包括软硬件、信息接口、数据库、数据存储器等方面。

安全。信息平台应保证数据安全，包括数据运行、维护和存储的安全。

九、实施路线规划

在平稳迁移阶段，开展财务共享服务试点，专注提升服务功能，不断改进业务流程。试点可采用先业务模块试点，再企业试点的方式，逐步扩大试点范围，总结建设规律、实施方法和步骤，提供标准化业务流程服务，逐步把集团内所有企业相关业务平稳迁移至财务共享服务机构。

在优化提升阶段，专注专业化财务管理水平提升，持续优化业务流程。帮助上线企业规范和优化财务管控手段，实现集中管控、市场化运营，形成低成本、规范化的共享服务运营模式。

在价值创造阶段，深化财务大数据分析应用，为企业提供高效率、高附加值、国际一流的财务共享服务，实现向价值创造中心提升的目标。

第二节　实施推广

一、准备阶段

主要是对企业情况进行调研，确定项目范围及组织架构；制定上线方案，明确实施进度。

通过问卷调研等形式，掌握上线企业整体经营情况、相关业务情况，梳理企业业务需求及工作量构成，分析研究企业上线范围和上线策略，形成调研报告。

上线方案应明确上线工作团队组织架构和职责，明确上线实施应具备的物质基础，制订完整的工作计划（可制定周计划、月计划等）及各时间节点工作安排。

二、启动阶段

启动阶段主要是对企业领导层和员工进行财务共享服务理念的宣贯，组织财务共享服务典型企业进行经验交流；成立财务共享服务建设项目团队，并启动团队运行。

（一）财务共享理念宣贯

应建立清晰的宣贯和沟通机制，广泛收集意见，解决关键痛点，消除顾虑，获得认同。

（二）工作团队组建

财务共享服务机构应遴选业务能力强、具有上线实施经验的人员，上线企业应安排业务、技术骨干。财务共享服务机构和企业应建立富有经验、强有力的“实施推广项目组”，明确工作目标。

项目组应明确职责分工，紧密合作，严谨细致地开展工作，强化服务意识，加强业务管控和人员管理，对工作质量和成效负责，确保共享服务按期平稳上线。

三、业务对接

业务对接阶段主要是完成实施上线前有关业务的对接和人员、岗位的调整工作，为实施上线工作奠定基础。

（一）对接准备

制订对接工作计划，并与企业进行确认。熟悉企业业务特点、当前财务和业务信息系统等。

（二）远程业务对接

采用远程方式登录企业相关系统，进行业务摸底，形成业务摸底报告，并与企业进行确认，为现场业务对接工作奠定基础。

（三）现场业务对接

1. 业务方面

全面整理企业经营管理和业务信息，以《财务共享服务标准化模板》为标准，明确企业适用的业务场景，掌握业务处理方式及重要管控节点；梳理业务对接结果，形成《业务标准化差异分析报告》，明确业务差异整改方案。

2. 信息系统方面

重点对企业信息系统运行情况及遗留问题进行分析，掌握系统应用情况、企业本地系统集成情况及企业系统与共享系统的兼容性等问题。

（四）调整确认

企业完成业务、人员、岗位调整，建立适应财务共享服务模式的工作体系。同时，根据业务对接确认结果，于业务迁移上线前完成会计业务、附件标准统一和信息系统调试工作。

四、上线准备

上线准备阶段主要是完成实施上线前对业务情况、相关业务职责的划分和确认工作，同时完成用户的培训和测试工作，保证实施上线工作顺利进行。

（一）业务整改

财务共享服务机构配合上线企业，遵照业务标准、附件标准、操作标准要求，结合《业务标准化差异分析报告》，完成业务差异事项整改。

（二）业务确认

完成财务共享服务水平协议（SLA）技术附件与专题方案的编写和确认，并签订相关书面文件，明确双方职责和特殊事项。

（三）用户培训、测试

培训企业用户以了解财务共享流程并掌握相关信息系统操作；培训财务共享服务机构员工以掌握业务处理方法；完成用户信息收集及权限配置；上线前完成系统测试，确保系统正常运行。

（四）制定上线迁移方案

包括业务迁移顺序、信息系统要求、时间节点、人员安排、工作步骤等，降低对企业业务的影响，确保平稳迁移。

（五）模拟运行

项目组按照上线迁移方案，模拟企业上线运行全过程，对上线过程中出现的流程和系统问题进行调整，为企业试运行提供保障。

（六）试运行

上线企业、项目组对调试后的系统和流程，按照上线方案共同开展试运行，主要测试系统是否兼容、权限是否按照要求匹配到位、各业务流程是否通畅。

五、上线实施

上线实施阶段主要是完成实施上线工作，同时完成信息系统权限调整，保证业务平稳迁移。

（一）完成上线迁移

1. **项目组工作**

上线前生产系统准备，包括数据和财务共享权限准备等，测试系统和生产系统的切换，确保系统平稳运行；负责财务共享服务相关系统的运维与支持。

2. **财务共享服务机构工作**

建立例会制度，定期与企业就运行中出现的问题进行沟通交流；开展上线迁移工作总结，总结运行过程中及上线初期的问题整改落实、上线后新问题的交流解决、企业需求及系统优化等情况，形成《企业财务共享上线总结报告》。

（二）正式运行

1. **系统和流程优化调整**

财务共享服务上线运行后，财务共享服务机构应根据企业实际使用情况和需求，对业务流程和信息系统设置进行优化调整。

2. **信息系统权限调整**

财务共享服务实施上线后，应对财务共享服务日常运营涉及的系统权限申请和维护做出调整。

六、建设风险和应对措施

（一）战略风险和应对措施

1. **战略风险**

业务范围确定风险。由于财务共享服务业务范围的选择涉及集团内部敏感的利益划分，会给共享服务试运行带来内部阻力，给项目带来运作风险。

选址策略风险。财务共享服务机构的选址应参考成本效益原则、当地经济和政治环境、税收、法律、资产和人力资源等多方面因素。这些因素关系到财务共享服务机构的运营利益和绩效，直接影响实施成败。

实施方法风险。不恰当的实施方法将增加财务共享服务机构的实施成本，甚至可能导致实施失败。

2. **应对措施**

首先，实施财务共享服务应取得企业高层管理人员的支持，明确财务共享服务的战略目标和定位，在企业内宣贯实施财务共享服务的意义，获得广泛认同。其次，选址应当结合企业自身特点，科学应用选址策略。最后，实施上线前应反复论证实施方案的适用性，选择适合本企业的实施方法。

（二）管理风险和应对措施

1. **管理风险**

组织架构风险。财务共享服务机构打破了传统的分散式管理结构，实现了业务和管理的分离。财务的部分管理职能将独立出来，可能导致内部机构设置不科学、权责分配不合理、职能交叉或缺失、运行效率低下。

人员转型风险。财务共享服务实施后，各分/子公司的业务核算全部集中到财务共享服务机构进行处理，会产生分/子公司部分人员转型安置的问题。

心理变化风险。员工心理的变化、接受变革的态度以及对变革的支持力度等都可能影响财务共享服务项目实施的进度及效果。

2. **应对措施**

组织架构的设置应兼顾职能的完整性、处理业务的高效性和审批的分级性；确保信息畅通；建立健全内部控制制度。集团在设计财务共享服务方案时就应明确转岗人员的转型和安置方案。领导层应表明建设财务共享服务的决心及对其的支持，加强员工培训和共享理念的宣贯。建立员工心理支持和干预系统，帮助员工解决变革中的各种心理问题并应对由此引发的危机事件。

（三）技术风险和应对措施

1. **技术风险**

IT系统优化风险。财务共享服务大多是借助IT系统来实现。IT系统的优化和设计不到位，将影响流程的设计和财务共享服务机构的运营。

系统集成风险。企业中原先各自分离的自动化信息“孤岛”在集成时会产生很多接口上的问题，导致信息传递不畅通。

流程风险。流程设计不合理，会影响财务共享服务机构的运作效率。

业务变更风险。新模式下，业务单元或操作流程设置不合理，会影响财务共享服务机构的运营。

2. **应对措施**

系统实施规划应有整体性和全局观。系统集成应根据战略定位，对组织架构、职能、业务流程进行重新划分，打通不同信息系统间的对接屏障。流程的设计应充分考虑管理高效、操作便捷、业务合规等需求，同时满足企业内控需求。

第三章　财务共享服务信息技术

信息化建设一直是财务共享服务建设的重要内容。财务共享服务机构依托强大的信息系统，实现流程的标准化、应用的场景化、业务处理的自动化和智能化。通过信息技术的广泛应用，把业务逻辑和规则前置到业务前端，将控制节点内置于系统，使数据得以高效透明地流转，为数据资产创造价值提供强大的平台。本章从企业财务共享服务信息技术平台规划入手，重点介绍财务共享基础信息系统及其集成开发与应用、财务共享服务大数据平台，以及信息系统/平台建设和运营的标准和要求，指导企业加快新技术应用，构建更加高效、智能的财务共享信息系统，更好地支撑财务管理转型升级。

第一节　信息系统规划建设

一、规划建设原则

整体性。遵循整体规划、业财一体、前中后台无缝对接、分阶段重点推进的原则。

适用性。考虑企业发展阶段、管理水平、业务信息平台现状、系统资金投入预算等多方面因素，以解决企业关键问题、核心问题为目标。

智能化。在有资源支持的条件下，最大限度地利用各种智能技术和设备，如OCR、RPA、发票智能校验、高速扫描仪、智能投递柜等，提高工作效率。

延展性。具备连接内外部系统的技术集成能力，能够不断向内外部用户进行延展，同时具备适应新技术的系统升级空间。

二、规划建设目标

为实现企业建设财务共享服务机构的战略目标，财务共享信息系统应具备相应功能，以支持财务共享服务机构的发展。在发展的不同阶段，由于其职能不同，财务共享信息系统应具备的功能也不相同。

（一）建设初期阶段的目标

财务共享服务机构搭建财务共享信息系统，将集团内部成员企业内共同性、事务性、重复性、标准化的业务集中进行账务处理。财务共享信息系统应满足用户需求，能够完成不同业务提报，具备电子影像、电子档案管理等功能。财务共享服务机构员工可以高效率地完成账务核算及报表出具，从而满足财务大集中，以及集团加强管控和风险防范的要求，实现信息集中和资源协同。

（二）优化提升阶段的目标

随着信息技术的发展，财务共享服务机构的管理模式和技术条件不断成熟，越来越多的业务环节被连接到财务系统中，RPA、OCR等技术在财务工作中得到广泛应用，财务共享服务机构的数据化、自动化、智能化水平快速提高。面向用户，财务共享服务机构不断优化提升系统功能，增强用户体验度，拓展增值服务范围，满足用户基于不同场景的业务需求。通过强化运营管理，激发人均劳效，业务处理及时率、准确率接近100%，形成高效的运营管控体系，敏捷交付能力大幅增强。

（三）卓越运营阶段的目标

深度融合大数据、人工智能、物联网、区块链和智能引擎等新技术，聚焦创新驱动，形成自有核心技术能力，自动化率达到90%以上。财务共享服务机构员工彻底从重复性的账务处理中解脱出来，转向业务审核、风险防控、数据服务和业务咨询等服务工作。建立知识数据库，通过知识管理，履行集团内部专家职能。面向用户，共享信息系统引入人工智能，实现业务快捷提报、自动报账、实时可视化数据分析和报表即时生成，使用户体验感得到极大提升。通过连接外部的商旅、供应商、电商平台及内部的各种资源，搭建企业商城，形成采购交易系统；连接税务平台，搭建税务管理系统，形成“业财税一体化”的财务共享服务机构。围绕数据共享，构建企业数据仓库，融合管理会计和数据分析技术等，构建以中台架构为核心的数字企业管理及决策平台，覆盖企业的业务系统，成为集团强大的业务中台、技术中台和数据中台，为集团内部成员企业提供更多的、可以随时调用的业务支持。

第二节　基础信息系统

一、基础信息系统的功能

基于系统的解决方案，结合企业实际业务需求，设计支持共享模式下企业财务业务运行的系统。功能主要包括待办事项管理、服务请求管理、客户识别管理、知识文章管理、服务水平管理、案例管理、影像管理、流程管理、主数据管理、权限管理等，为客户的业务处理提供辅助支持。共享模式下企业财务业务运行的系统功能如图3–1所示。

（一）业务提报系统

作为企业与财务共享服务机构的业务交互平台，主要有服务申请管理、外部协

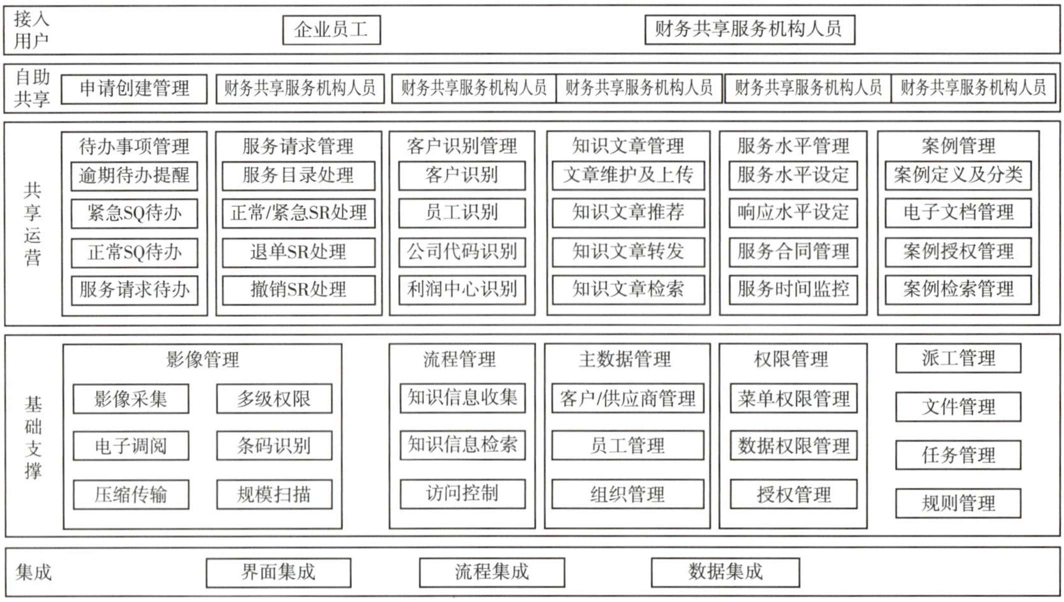

图 3–1　共享模式下企业财务业务运行的系统平台功能

同管理、服务评价管理、会计档案管理和影像管理等功能。未来将向易用化和规范化方向发展，简化和规范企业服务申请提报的内容和附件，加强企业和财务共享服务机构之间的交互。

（二）业务运营系统

财务共享服务机构工作人员使用、创建、执行服务请求的业务操作平台。通过与ERP、会计集中核算等系统的界面集成，完成对企业提交的账务核算等业务的服务请求的处理，主要包括服务请求管理、待办事项管理、检查清单、派工管理、知识文章管理、案例管理、凭证模板等功能。未来将向自动化和标准化方向发展，运用技术增加信息的自动获取和采集量，减少财务共享服务机构员工的手工录入量。

（三）运营管理系统

财务共享服务机构各级管理人员使用的运营管理平台。通过集成财务共享业务提报系统、财务共享业务运营系统、财务共享运营管理系统和各类业务处理系统（如ERP、AIC、BW等）的数据，进行运营管理与监控，主要包括服务管理、绩效管理、计费管理、客户满意度调查及运营管理报表等功能。运营管理系统从绩效管理进一步拓展到全面的运营管理，支撑财务共享服务机构总部对业务和人员的考核与管理。

二、基础信息系统的技术运用

目前国内普遍使用的大型ERP厂商有思爱普（System Applications and Products，SAP）、Oracle、金蝶、用友等。下面以使用大型ERP厂商软件的公司建设财务共享基础信息系统为例介绍其技术运用。

（一）财务共享业务提报系统

基于费用报销的技术平台开发完成，主要应用JAVA相关技术。

（二）财务共享业务运营系统

选用大型ERP厂商的共享服务框架（Shared Service Framework，SSF）作为核心平台，构建统一高效的财务共享服务机构运营系统。有两种类型：一种是将财务共享业务运营系统穿透到企业的母系统进行账务处理；另一种是直接在财务共享业务运营系统中进行账务处理，然后将产品推送给客户。

（三）财务共享运营管理系统

基于大型ERP厂商的SSF解决方案进行界面和功能的扩展，其技术核心是大型ERP厂商的客户关系管理（CRM）平台。

三、基础信息系统的价值体现

财务共享基础信息系统的建设发展，可以提高自动化处理能力，有效地支持快速创新，大力提升业务处理效率，推进管理标准落地，促进企业实现数据系统集成，进而实现数据共享。

（一）推动数据共享

搭建企业与财务共享服务机构进行业务交互的平台，实现共享相关业务的便捷提报和高效受理，建立协同管理和在线客户服务等渠道，实现双方有效沟通。

（二）支持快速创新

强化财务共享业务相关单据流转的过程管控、财务原始单据影像管理。实现纸质单据的电子化以及记账凭证与对应影像件的关联，提高业务处理和查询效率。会计档案管理实现了对会计档案纸质件和电子影像件的集中管理和共享。

（三）提升处理效率

支撑财务共享服务机构日常业务操作，实现与各专业系统的配套集成。企业提报的报账申请，通过平台生成服务请求，通过派工规则将服务请求推送至业务人员，由业务人员按照流程步骤，通过与 ERP、会计集中核算等系统的界面和数据集成，完成对企业提交的服务请求的账务处理。

（四）推进标准落地

推进业务标准化、规范化。依据总部财务制度、标准设计、财务共享服务业务处理流程，统一会计核算标准和业务操作规范，并固化在共享平台中，推动企业财务管理制度等各项管理制度统一执行落地，实现财务共享服务范围内流程与制度的标准化建设。

（五）提高自动化处理能力

通过与资金集中、会计集中核算等系统集成，自动产生服务申请，降低业务申请工作量；利用影像识别技术，自动获取纸质单据的相关信息，降低信息处理工作量；加强合同管理系统、HR系统等业务系统与ERP系统的凭证集成，提升凭证处理效率；根据共享服务专业化分工、流程化操作的特点，开发凭证标准化模板功能，提高手工凭证处理效率和处理质量。

第三节　基础信息系统集成开发与应用

财务共享服务机构根据企业的需求，结合企业的经营规模、战略意图和自身的本地系统，进行财务共享基础信息平台的集成开发和智能化应用。

一、基础信息系统的集成开发

财务共享服务基础信息系统的集成开发，需要结合企业的业务需求，通过技术运用，实现与账务系统、企业业务系统以及外部系统（如税务系统）等的集成。财务共享基础信息系统集成关系如图3-2所示。

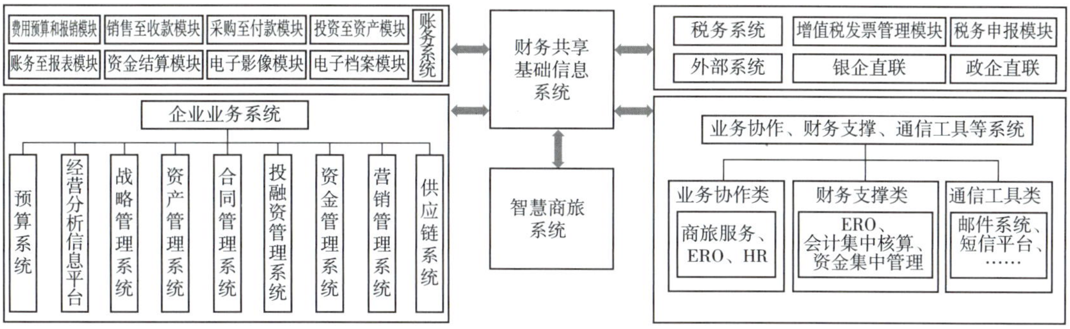

图 3-2　财务共享基础信息系统集成关系

（一）技术运用

1. 集成技术运用

共享服务平台的技术实现及业务需求，决定了SSF与后端业务系统的界面和业务集成，主要是通过大型ERP厂商的transaction launch技术，实现前端的集成；而与ERP系统之间的数据集成，主要是通过大型ERP厂商的中间件（middle ware）来实现。

2. 集成数据流向

财务共享服务系统涉及与多个系统的集成，系统之间会发生业务流程的传递、数据信息的共享与交流。系统之间的集成通过业务流程进行衔接，简化业务处理中的人为重复数据录入，重视数据质量及业务正确性核查，提高业务流程处理的顺畅性，以保证业务顺利开展并提高工作效率。

（二）基础信息系统的集成开发

1. 集成内容

主要包括主数据集成、基础档案集成、数据接口集成和说明、数据传输方式和频率说明、数据传送状态说明、数据同步更新、开发方案（含接口标准、技术标准）以及数据档案管理等。

2. 集成标准

主要有业务财务主数据统一、会计科目统一、辅助核算字段统一、员工数据统一、数据传输规则明确、接口标准明确，以在不同系统之间实现数据的无缝对接和传送，确保规则不变形，保持数据的完整准确。

3. 功能架构

基于大型ERP厂商SSF的解决方案，结合企业实际业务需求，设计支持共享模式下企业财务业务运行的系统平台，主要功能包括待办事项管理、服务请求管理、客户识别管理、知识文章管理和服务水平管理，同时实现基础数据管理、邮件管理、流程管理、权限管理等功能，为客户的业务处理提供辅助支持。

（三）基础信息系统与各系统的集成

1. 与账务系统的集成

包括费用报销、应收应付、成本核算

等模块的集成及对应的基础档案集成、数据传输方式和频率说明、数据传送状态说明、账务数据同步更新、开发方案（含接口标准）和财务数据档案管理等。

（1）费用预算和报销模块

主要功能：费用预算模块、在线填单、移动端申请、申请单自动生成报销单、发票OCR识别、查重和验伪、价税分离、费用审核、一键报销、银企直联自动付款、银行回单下载核对、智能报账等。

应用场景：对公费用预算管控、费用申请、费用报销；对私费用预算管控、费用申请、费用报销；借款申请、费用报销及核销借款。

（2）销售至收款模块

主要功能：从销售业务系统自动归集数据至共享对账平台、业务财务数据核对、银行款项信息核对、收款合同台账和信息采集、增值税管理平台对接等。

应用场景：收入对账（业务和财务数据核对）、收款对账（资金和收入核对）、收入确认、对账差异分析、退货、退款红冲等。

（3）采购至付款模块

主要功能：采购单据影像上传、采购申请单填报或自动生成、采购应付单自动生成、应付明细管理、采购合同台账、供应商在线对账、红冲业务处理、三单匹配自动核销付款、付款信息采集等。

应用场景：采购执行申请、采购付款申请、采购执行审批、采购付款审批、采购合同台账和付款信息匹配、供应商对账、三单匹配付款、采购退货、红冲等。

（4）投资至资产模块

主要功能：从投资项目管理系统至共享资产管理模块的数据传递、固定资产台账、资产计提折旧规则的设置、折旧自动计提、资产报废处置账务处理、固定资产查询等。

应用场景：固定资产账务处理、资产盘点数据生成、资产报废处理等。

（5）账务至报表模块

主要功能：业务检查并提示异常信息、批量关账、反关账、单组织和多组织结账、报表模板设置、出具单体报表、抵销分录模板设置、出具合并报表、报表异常信息提示等。

应用场景：财务关账和结账处理、自动生成总账凭证、支持总账关账检查业务领域（具体包括应收、应付、存货、固定资产、现金管理、薪酬和福利管理、报销、税务、产品成本）。权限范围内，所有财务组织的批量关账和反关账、按照报表模板自动生成单体和合并报表、检查账务处理过程并预警（如检查存货核算系统是否已关账、协同的单据是否已全部确认）。

（6）资金结算模块

主要功能：银行对账、到款通知、现

金结算、网银支付、银企直联、生成收款结算单和付款结算单、付款排程、付款查询、资金账务核对、账务查询、现金管理、资金收支日报表生成及分析等。

应用场景：企业资金收支管理包括单据管理、各财务单据的结算处理、空白票据的购置领用和台账管理、银行对账、期末处理等。资金结算单据有收款结算单、付款申请单、付款结算单、划账结算单和到账通知等。

（7）电子影像模块

主要功能：业务前端采集电子影像，在财务共享报账平台进行电子影像流转，最终将影像汇至电子档案系统进行实物和电子凭证的归档匹配。包含影像采集、影像传输、影像处理和影像查询等功能。具体有影像扫描、条码识别、条码分组和图像OCR处理功能，影像上传和影像安全功能，任务分配、业务处理功能，以及影像调用和数据查询功能等。

应用场景：对业务单据影像进行采集、上传和集中管理（审核、调阅），并实时跟踪影像文件、纸质票据的状态和位置信息，通过电子影像系统和报账平台的集成，实现基于影像的业务审批和财务审核。

（8）电子档案模块

主要功能：电子影像、电子凭证、报表查询、档案借阅等。电子影像包括影像查询、影像复核；电子凭证包括生成电子记账凭证、管理电子凭证；报表查询包括查询电子档案、出具档案管理报表；档案借阅包括借阅申请、借阅审批、档案借阅、支持模糊查询、多维度查询（如金额、日期、事项查询等）和调阅凭证。

应用场景：电子凭证功能主要是将企业记账凭证的电子文件同内部、外部原始凭证的影像文件进行匹配，生成完整的电子记账凭证档案数据，以册为单位在系统内进行管理，实现纸质会计凭证与电子会计凭证的完全统一，取代日常凭证调阅中对纸质会计凭证的依赖，使得纸质档案免受人为翻阅和电子设备复印、扫描的损害。使用电子凭证功能，可以使凭证保管、借阅等工作更便捷高效。

2. **与企业业务系统的集成**

主要包括供应商、客户、物料、产成品（商品）、组织部门和员工等主数据的集成，以及相对应的基础档案集成、共享运营平台和业务数据接口集成和说明、数据传输方式和频率说明、数据传送状态说明、数据同步更新、开发方案（含接口标准、技术标准）和数据档案管理等。

（1）与企业预算系统的集成

主要功能：预算编制、预算调整、预算冻结、预算外管理、预算执行、预算跟踪、预算实时数据分析、报表平台、关键绩效指标管理等。

应用场景：向共享基础信息系统提供预算数据，实现预算系统和共享基础信息系统中实际交易数据的联动。如应付核销或费用报销后，自动核销预算；预算系统调整预算后，共享基础信息系统自动调整应付、费用申请；共享基础信息系统中交易后的实际数据可以及时传递到预算系统，进行预算实时数据对比分析；等等。

（2）与企业经营分析信息平台的集成

主要功能：经营分析信息平台应具备整合异构数据的功能，通过统一的数据规则对各类数据进行解构和治理。信息评价应具备灵活的报表模板配置功能，可以通过拖曳功能对数据进行多维度组合，生成各种用于展示和分析的可视化图表，并自动生成简单的分析报告，进行语音播报。智能化经营分析信息平台还可以利用自然语言学习等智能化技术进行自我学习，提高经营分析的准确性。

应用场景：通过共享系统和业务系统采集数据，应用数据建模技术，生成经营决策管理分析模型和报表。对报表进行分析，形成指标体系，与企业预算目标进行对比，出具对各业务单元的业绩评价报告。经营分析信息平台可以采集外部行业数据，进行对标管理，按照行业指标确定标准，建立指标预警体系和预警标准，对异常情况按照预警标准线进行预警，给相关人员发送通知。

（3）与企业战略管理系统的集成

主要功能：实现信息系统对接，具备战略规划系统、BI驾驶舱、数据展示平台等。

应用场景：战略规划制定、战略规划分解、战略规划跟踪。

（4）与企业资产管理系统的集成

主要功能：资产全生命周期管理、资产类别管理、资产编码、资产投资立项审批、招投标管理、资产业务台账和共享资产台账数据自动联动、资产信息二维码存储、移动端资产盘点、利用射频识别技术和资产标签进行非接触盘点、资产调拨和资产报废处置等。

应用场景：实现资产数据从业务系统向共享系统的自动传递，实现资产“一码到底”全生命周期管理，统一资产业财数据，建立资产“业财一体化”审批流程，实现快速高效资产盘点，对资产使用功能效率进行分析，提高闲置资产产能使用率。

（5）与企业合同管理系统的集成

主要功能：标准合同模板、合同统一编号、合同生成提交和审批、合同电子用印、合同台账、合同查询、合同档案管理、合同数据（收款和付款合同等）自动或手动上传至共享应收应付模块以实现数据共享等。

应用场景：合同全流程管理，包括合

同依法录入登记、审批、履约、变更、冻结、终止等一系列活动。有助于降低企业资金风险，提高部门协作效率。

（6）与企业投融资管理系统的集成

主要功能：投资模块包括股权投资、资产投资、其他投资等的规划、立项、跟踪、分析、查询功能。融资模块包括融资计划、跟踪分析等功能。

应用场景：投资模块包括企业对外股权投资、资产投资项目及企业内部投资项目的规划和立项等，与共享系统共享数据（如资金支付、投资收益等），对投资进行实时动态分析和评价。融资模块包括企业外部融资计划、融资成本、债务偿还计划等，与共享系统共享数据（如还本付息等），对融资进行动态分析和评价。

（7）与企业营销管理系统的集成

主要功能：销售计划和订单管理、销售渠道管理、销售流向管理和分析、经销商在线订货、经销商库存管理、销售费用管理和分析、销售人员行为管理和销售人员业绩管理等。

应用场景：对销售计划和订单执行进行跟踪分析，并与销售人员业绩评价相结合；对产品销售流向、销售品类、毛利等进行分析；与共享系统共享数据（如销售费用实际支出、销售收入等），对销售各项指标进行实时动态评价。

（8）与企业供应链系统的集成

主要功能：采购计划、采购申请的提出及审批，采购物料及产品的入库、出库、移库，商品及物料编码管理，实现生产计划和采购计划的联动，在产品、产成品及发出商品的成本核算等。

应用场景：结合营销系统传递的销售计划，通过对生产计划和采购计划的分解，对资源进行配置，对供应链“进销存”进行管理和分析，与共享系统共享数据（如采购付款、成本核算等），实现成本的顺利结转，使库存和成本数据在业务和财务上保持一致。

（9）与企业资金管理系统的集成

主要功能：资金预算、资金计划、资金调拨、资金池管理、内部计息、相关印章管理、资金缺口提示、本息计算、还款提醒和资金分析报表等。

应用场景：这里的资金管理主要指除去资金结算之外的资金管理场景。主要有制订资金计划、内部调拨资金、管理银行资金池、查询资金余额、自动生成现金流量数据、对资金进行内部计息、生成“业财一体化”资金报表[如资金计划报表（日、周、月）、内部计息报表、资金余额报表（日、周、月）、现金流量表]等。

3. 与税务系统的集成

打通税企链路，和税务系统进行数据连接，实现一键申报税务、查询税务申报情况、进行税务预警等。主要包括纳税主体、税号、税种、增值税进销项等主数据集成，纳税主体基础档案集成，税务云和税盘数据接口集成和说明，税务数据传输方式和频率说明，税务数据传送状态说明，税务数据同步更新，开发方案（含接口标准），数据档案管理，等等。

（1）增值税发票管理模块

主要功能：销项发票管理、进项发票管理。发票系统与金税系统统一接口，无缝集成到企业信息化系统中，实现金税系统同步开票、付票、认证，发票与订单、入库单的“三单匹配”；提供销项发票和进项发票台账查询等。

应用场景：领购、保管、开具、红废票管理、认证、抵扣等发票的全生命周期管理。发票系统与业务系统、财务系统集成，实现业务流、资金流、发票流“三流合一”和“业财一体化”，从而规范发票使用、加强发票管理、防范发票使用风险。

（2）税务申报模块

主要功能：月末财务结账完毕后，自动取数计算，生成各企业、各税种的信息。系统根据嵌入的税务规则及财务、税务表间的逻辑等进行自动校验，生成各税种申报表（预缴表、申报主表及附表）。税务专业人员可在线审核。进行纳税申报模板管理，根据不同税种（包含增值税、企业所得税，可扩展到房产税、个人所得税、土地使用税、印花税及其他税种）设定纳税申报表模板表样、属性、取数规则等信息。报表模板提供表间逻辑，自动计算表间数据并进行逻辑校验。数据填报时支持数据审核功能。

应用场景：通过税务管理系统建立自动计税体系，整合纳税数据，自动计算应纳税额，减少人工处理环节。通过数据自动读取或人工填列，快速生成纳税申报表，包括表间逻辑计算、逻辑校验，满足快速、易用、数据准确等基本要求。对纳税申报表进行在线纳税审批，确认纳税金额。建立集团纳税申报管理系统，全流程闭环管理纳税申报事项，并实现将申报表报送给税务机关的一键申报。

4. **与外部系统的集成**

（1）银企直联

主要功能：企业提供ERP系统标准接口，银行配合企业客户的ERP系统进行接口的接入。通过打通银企链路，与银行系统进行对接，实现自动付款、银行回单下载、数据解析、付款异常情况预警等。

应用场景：企业银行账户、客商银行账户、员工个人银行账户等信息集成，相对应的基础档案集成，银行接口集成和说明，银企直联数据传输方式和频率说明，银企直联数据传送状态说明，银行电子回单数据下载，数据同步更新，开发方案

（含接口标准），银行数据档案管理，等等。

（2）政企直联

主要功能：企业提供ERP系统标准接口，打通政企链路，特别是服务机构和企业链路。

应用场景：直接连接各种付费信息，如从ETC系统生成相应付款单据，及时发现异常情况并预警。

5. 费用报销模块与业务协作、财务支撑、通信工具等系统的集成

业务协作类系统包括商旅服务、ERP、HR等。这些系统为费用报销系统提供业务功能的支持，如提供机票预订服务、提供员工信息。

财务支撑类系统包括ERP、会计集中核算、资金集中管理等。这些系统为费用报销系统提供财务功能的支持，如会计记账、资金结算。

通信工具类系统包括邮件系统、短信平台等。这些系统为费用报销系统提供通信功能的支持，如邮件提醒、短信提醒。

6. 与智慧商旅系统的集成

主要功能：智慧商旅系统作为企业信息集成平台，聚合外部酒店、机票、火车票、企业用车等平台，与共享费用报销基础信息系统模块集成，支持提交出差申请、领导审批、员工预订机票和酒店、统一报销等功能，支持公对公结算差旅费用。

应用场景：通过集成外部商旅平台，执行企业差旅政策，为企业提供差旅计划制订、预订、跟踪、分析、报销的闭环服务，实现公对公费用结算，减少企业差旅资金借款，有助于费用合规，提高费用使用效能，提高资金使用效率、安全性，以及资金计划准确性。

7. 与各系统集成的价值体现

采用SSF的集成技术，实现财务共享系统与财务业务系统的集成，实现业务财务系统一体化。即在业务源头获取最原始的业务数据和单据，与财务系统交互生成财务数据，实现企业流程闭环管理，从而实现对企业业务和财务风险的管控。将企业的本地生产系统与共享系统连接、生产信息与财务信息集成交互，通过业务和财务的管理协同、数据联通，实现财务部门和职能部门之间的数据共享，推动企业整体效益的提升。财务业务向业务延伸、业务信息向财务聚焦，优化再造企业端的业务流程，谁的业务就由谁负责并发起。将财务人员从烦琐的重复性、事务性基础工作中解脱出来，调整工作重心，集中精力专注核心业务，加快向价值管理转型。

二、基础信息系统的自动化、智能化应用

财务共享服务基础信息系统的功能扩展，结合企业的业务需求，运用RPA、OCR等先进技术，可以大幅提升业务处理

效率。随着越来越多的智能技术（如自然语言识别、知识图谱和机器学习等）在财务工作领域的深入应用，财务共享服务机构正逐步向自动化、智能化转型升级。

（一）RPA

RPA作为一种基于人类预定规则模仿人类行为的软件，被视为人工智能的前奏。

1. 技术运用

系统管理端计划一般部署在私有云上，技术架构分为数据层、控制层、配置层和处理层。应用拟采用云中的工作流组件、缓存组件、对象存储、消息队列组件、数据库服务组件、身份认证、数据传输服务、人工智能等组件或服务，采用统一身份认证系统进行用户身份验证。

2. 功能架构

系统包括流程设计器、机器人控制器、审计监控台、智能演示台等功能模块。

3. 集成架构

（1）数据集成架构

RPA完全模拟工作人员的手工操作，不需要与现有信息系统进行集成，而是通过非侵入的方式，使用内存读取、页面识别等技术，实现跨业务系统的自动操作，达到类似系统集成的效果。系统本身不需要与其他应用系统直接进行数据集成，通过记录键盘、鼠标的操作即可实现业务系统的数据录入。机器人运行监控数据可以与门户集成。

（2）运维集成架构

业务流程机器人软件生产环境的服务器、数据库等资源，统一由公司总部IT运维平台进行运维管理。通过与 SMCC 系统进行集成，实现对业务流程机器人所依托的云服务中的各种日志数据的统一采集存储；通过解析策略、分析算法进行安全审计与风险分析，并在 SMCC 平台集中展现审计与分析结果；生成的安全事件可以转为工单进行事件响应。

（3）部署架构和系统配置

流程设计器：部署在设计器服务器或者执行具体任务的计算机中，提供便捷的方法和界面，为机器人下达详细的任务指令。将指令发布于机器人控制器中，可控制多个机器人。

机器人：部署在执行具体任务的计算机终端中，实体机器或虚拟化环境与具体执行的业务和流程进行交互。

机器人控制平台：部署在控制平台服务器中，可云部署、统一管控，负责将工作任务分配给每一个机器人，对工作过程进行监督、管理及控制，图像化展示机器人执行状态，连接和控制所有设计器和机器人。

4. 安全架构设计

系统的安全防御体系按层次分为物理层、网络层、系统层、应用层和管理层。系统本身不与其他应用系统进行应用接口和数据的集成，而是模拟人工操作，对机器人使用的业务操作账号进行单独权限申请，并通过非对称不可逆加密算法对用户密码进行加密存储。

5. **价值体现**

一是可快捷实施，无须更改底层IT架构，零接口式部署，上线周期短，实施门槛低。

二是释放人力，提升价值。将员工从大量重复的、机械的、低价值的工作中解放出来，把精力集中于创造性的高价值工作上，增强企业核心竞争力。

三是可持续工作。能够实现24小时不间断工作。

四是准确性高。可实现凭证准确率100%，消除人为差错，减轻审核压力。

五是促进数字化转型，加速自动化向人工智能靠拢。

6. **应用场景**

财务机器人可以完成大量重复性高、定义清晰、有固定逻辑的工作，如零售行业收款、财务文本及辅助字段检查、应付职工薪酬和应缴税费月结检查、档案寄送和包裹签收自动化程序等。消灭了财务流程中高度重复的手工操作，提高了效率，降低了差错率。

（二）OCR

1. **技术原理**

OCR系统支持多模板识别，首先需要配置模板组，并在模板组下配置相应模板。识别模板根据影像编辑而成，制作模板时，需要在影像上划定识别区域并注明字段属性，最后导出为一个模板文件。OCR系统在识别时自动加载识别模板文件去匹配影像，匹配对应后，自动对影像进行识别，识别完成后将数据写入数据库。目前OCR系统配置了识别增值税发票模板，识别内容有发票代码、发票号码、开票日期、购方税金、销方税号、金额、税额、合计。

2. **技术运用**

运用光学技术读取图片、照片上的文字内容并将其自动转换为可编辑文本。在应用中主要分成以下两个模块。

（1）识别确认模块

OCR影像识别的基础工作为定义识别引擎模板。模板根据位置、识别区域来确定影像中要转换为电子信息的内容，通过标示项由引擎自动定位确定影像区域。模板定义时可对识别内容进行校正。

（2）记账应用模块

财务共享服务机构使用OCR识别结果生成模板。系统在初始形成凭证预制信息时，会根据OCR识别结果对进项税额进行项目预录入，按照识别信息逐行生成“应交税费—应交增值税”行项目，并写入税额、税码信息，完全替代人工维护税金行项目。财务人员利用OCR识别结果，可以提升记账信息集成度，提高核算记账效率和质量。

3. **架构部署**

基于松耦合、高复用性和易于维护的原则，以应用组件的模式部署在云平台上，提供统一的网络访问接口方式，为应用系统提供能够满足不同需求的、高效且低成本的OCR服务。

4. **架构设计**

整体架构分为数据层、应用层和展示层三部分。数据层主要是一些模板库、样本库；应用层包含了图像模板的管理、图像预处理、票据识别、图像分类保存归档及移动应用等内容；展示层通过网页、App、扫描仪等方式与相关人员进行业务交互。同时，还可以将提取的图像信息与一些官方数据库及关系密切的应用系统进行数据交互。

应用架构如图3-3所示。

技术架构如图3-4所示。

5. **价值体现**

减少发票核验时间，提升核算质量、

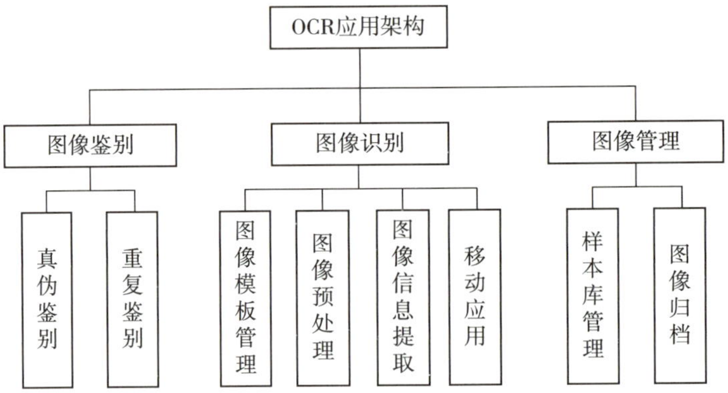

图 3-3 OCR 应用架构

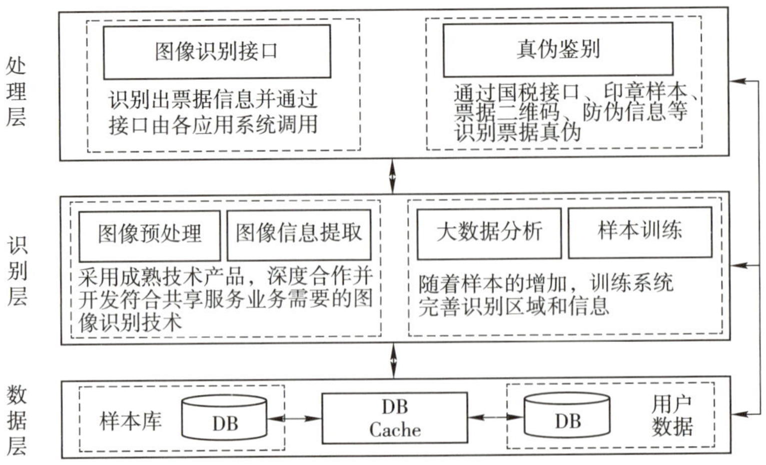

图 3-4 OCR 技术架构图

效率，实现非财务人员独立核算。

（三）其他智能化应用

随着人工智能的发展，机器学习、数字助手、语音识别等智能化技术将纷纷落地共享系统，让系统可以“看”（影像识别技术），可以“听”（自然语言识别技术），可以“思考”（知识图谱和智能推理技术），可以“学习”（知识图谱和机器学习技术），从而助力财务共享服务机构实现智能化转型升级。

1. 自然语言识别技术

自然语言识别技术的应用，使系统具备感知并认识自然语言的能力，可以实现更便捷的人机交互。用户可以用自然语言给财务软件发出指令，让财务软件根据指令搜索并用语音回答用户，用户甚至可以用自然语言与之对话。借助智能语音技术，用自然语言生成图表、智能提示、智能纠错的人机交互将逐步应用并嵌入共享运营平台中。

2. 知识图谱和智能推理技术

应用知识图谱，可以进行知识的沉淀与积累，实现操作流程的自动化以及企业知识的沉淀。知识图谱和智能推理技术相结合，可以使系统实现智能记账、全盘处理会计账务信息。

3. 机器学习

引入机器学习、深度学习对数据进行自动分析，可以让数据自己“说话”。系统可以基于对业务知识的理解，科学预测、合理控制、智能分析，真正成为管理人员和财务人员的智能助手。

第四节　大数据平台

根据企业建设财务共享的战略目标，可以将企业建设财务共享服务大数据平台分为两种方式：基于财务共享建设大数据平台和基于集团建设大数据平台。由于财务共享服务机构是数据汇聚中心，因此，基于财务共享建设大数据平台具有天然优势。

一、大数据平台的架构

利用成熟、先进的 IT 技术，构建财务共享服务大数据平台。财务共享服务大数据平台架构如图3–5所示。

二、大数据平台的功能

构建统一的财务共享服务大数据平台，提供多元化数据服务，强化技术产品功能开发，整合行业内外部数据，积累大数据分析算法，搭建集团统一“数据集市”，助力企业进行风险管控、提升运营能力，实现数据充分共享互通和数据资产开放运营。

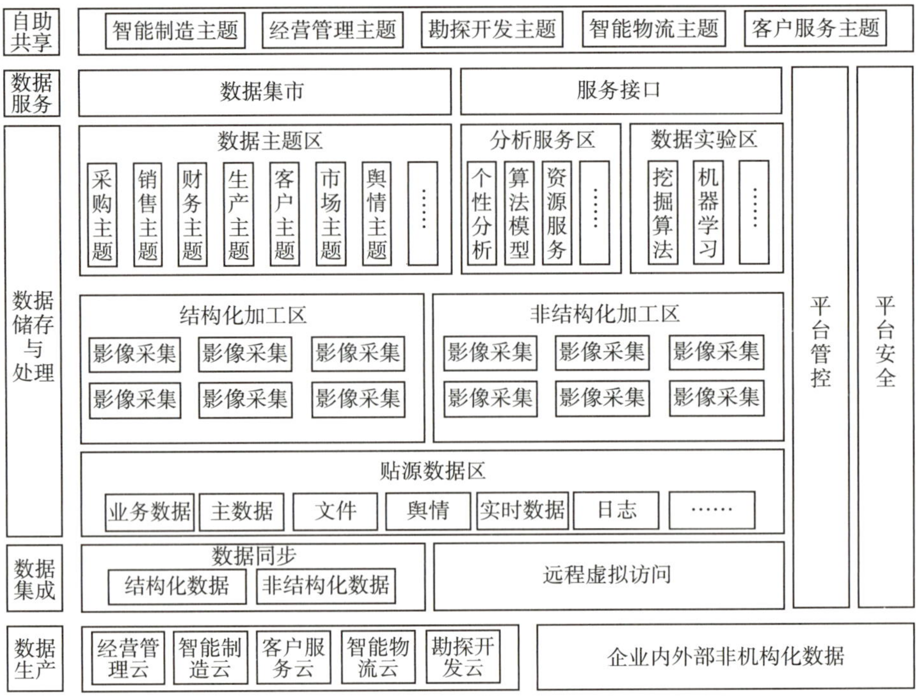

图 3-5　财务共享服务大数据平台的架构

第五节　信息系统建设与运营

一、信息系统的建设

（一）硬件部署建设要求

根据业务需求及系统技术规格测算所需计算资源、存储容量等，描述未来5年资源配置计划，以支持公司未来的业务发展需求。绘制逻辑部署图，描述系统所有的逻辑部署单元及其关系。为绘制部署图，应说明系统部署位置、部署量及种类。采用云资源，基于最小化原则，列出本次所需的硬件配置清单，据此选择公有云或私有云。描述系统所需软件资源，考虑服务器安全标准、服务器容量、区间划分、数据管理、服务器维护等，列出软件配置清单，明确来源。

（二）供应商选择标准

1. **规划设计能力**

供应商应具备“业财一体化”流程设计、组织架构设计、制度规则设计等综合咨询能力，拥有咨询团队和产品顾问，提供“端到端”的流程和结构解决方案。

2. **行业理解能力**

供应商对行业特点、业务模式、经营核心和财务管理重点都有相应的理解，咨询和实施顾问都具备相应的项目经验。

3. **系统实施能力**

供应商实施团队应熟悉财务共享信息系统和各核心模块功能、系统集成开发和技术支持方法，并有相应实施经验。

4. **运营维护能力**

供应商能够为财务共享信息系统提供专业的维护和系统升级服务，有专业团队和部门承接，并在软件产品更新换代时帮助企业平稳过渡。

二、信息系统的管理

（一）主数据管理

包括共享信息系统主数据的梳理、修正、更新和维护，主要有客户主数据治理、供应商主数据治理、统一主数据规则和数据维护方式等。

（二）权限管理

共享信息系统需要识别各功能模块关键用户，明确用户权限，包括管理员权限、关键用户权限和审批权限等。建立权限标准，完成审批权限表；明确权限调整流程，确定用户调整、删除和增加等的流程和标准，以及系统运维的权限和内容。

（三）数据安全管理

建立针对整个信息化系统的、综合的、多层次的安全体系，强化对网络输入、输出和传输信息正确性、合法性的控制。在访问、传输、存储、传播等各个使用环节对数据进行控制和保护，避免其被偶然或蓄意地错误使用和泄露，满足监管的要求和对利益相关方的承诺。

信息安全技术主要包括访问控制技术、数据加密技术、数字签名技术、网络审计技术、防火墙技术、信息安全检测技术、隐患扫描技术和VPN技术，分别在系统数据安全管理的各层面上有针对性地实施。

三、信息系统的运营维护和优化升级

（一）信息系统的运营维护

共享信息系统应有专人负责进行运营维护，主要有系统硬件维护、软件维护、主数据维护、服务器维护、用户权限维护等。运营维护通常由信息部门和财务共享服务机构共同负责。

（二）信息系统的优化升级

共享服务大多借助IT系统来实现，其实施效果有赖于核心系统的支撑，系统的设计与优化将影响流程设计和共享服务运营。这些系统的设计以及与业务系统的集成，关系着财务共享服务机构的运作效率和运营效果，也关系着业务流程能否得到系统的有效支撑。应紧密结合企业用户需求，确保系统运行的效率和有效性。主要包括服务器优化升级、软件优化升级、智能技术升级等。

1. **云计算**

通过可用、便捷、按需的网络访问，快速提供网络、服务器、存储、应用软件和服务等共享资源。财务共享“上云”，可以降低企业信息化建设成本，促进企业内外部协同，提高员工的工作效率，为财务共享“众包”模式奠定基础。基于提供服务的类型，可以将云计算分为三种类型：

（1）财务共享服务机构的作业系统或作业终端架构在IaaS（基础构架即服务）模式下

在财务共享服务领域使用云计算的基础架构，可以获得显著的成本收益。在实践中，主要有两种应用模式：一种模式是直接将应用系统和数据库部署在云服务提供商上，通过租用云计算资源的方式实现轻资本运营，并根据自身的业务变化灵活增减算力资源。另一种模式是在作业终端上做文章。采用虚拟机的模式，配置简单的终端桌面系统，通过云桌面的方式实现统一的作业终端管理。

（2）财务共享服务机构作为SaaS（软件即服务）模式产品的直接使用者

在此模式下，财务共享服务机构并不构建自己企业内独有的作业系统，而是选择租用第三方云服务产品。选用此云服务产品的前提是通过企业的整体信息化战略和信息安全评估。在此前提下，确定适合自己的产品并投入使用。

（3）财务共享服务机构作为对外服务商配套工具使用SaaS模式

在此模式下，财务共享服务机构已经实现了功能拓展，成为服务外包提供商，提供从系统到服务的完整解决方案。

2. **区块链**

区块链在财务共享服务机构的应用，主要体现在分布式记账带来的数据安全性和通过智能合约实现自动化处理两个方面。此外，区块链去中心化、不可篡改的特征也促进了财务领域工作模式的创新。

3. **物联网**

物联网的技术架构主要由感知层、网络层和应用层构成。在技术上，物联网可以通过感知层的数据采集功能，帮助财务共享服务机构前端实现业务数据化，并确保会计信息的真实性和完整性。在从采购到入库、生产、物流、销售等所有环节，可以在原材料、设备、产品等资产中嵌入射频识别（Radio Frequency Identification，RFID）电子标签，利用感应设备或手持读写设备自动识别该物体的信息，并将其录入相关数据库，从而推动财务共享服务机构向大数据中心转变。在迅速、可靠地获取大量数据的基础上，财务共享服务机构可以借助物联网技术实现对生产成本、销售成本和资产状况的管理，提高“业财一体化”水平。

第六节 风险与应对措施

财务共享信息系统/平台在建设和运营中存在诸多风险，主要有管理乏力、资源缺失和信息安全问题等。针对这些风险，需要认真分析，并采取措施加以防范。

一、管理乏力

在建设和应用中，需要对项目计划、项目进度、项目资源、项目问题解决等进行统筹管理。项目失控的主要原因是缺乏项目整体管理，各环节各行其是，导致工作进展缓慢，问题无法及时得到解决。

应对措施：明确管理人员和职责，确定详细的建设方案和应用管理办法。

二、资源缺失

主要体现为在人员安排和技术支持上缺少资源，导致工作进展缓慢，问题无法及时得到解决。

应对措施：明确各类资源需求，按照建设计划和应用要求进行合理配置。

三、信息安全问题

信息安全问题是共享信息系统建设和应用中的常见风险，系统和服务器的安全性、各类权限的配置等均存在影响信息安全的因素。

应对措施：明确信息安全措施，制定软硬件管理制度和方法，做好信息安全工作。

第四章　财务共享服务业务规范

财务共享服务业务是财务共享服务机构生存的根本，服务能力是其核心竞争力的体现。在财务共享服务发展实践的基础上，按照发展阶段，可以将其业务分为基本业务和创新拓展业务。本章通过规范执业原则、相关组织职责分工、建设基础及流程构建，明确基本业务标准，对创新拓展业务的建设提出指导性意见，助力财务共享服务机构合规高效地开展服务业务。

第一节 执业原则

提供财务共享服务时，应按照国家法律法规的要求、职业道德规范的要求、企业统一的业务标准、合同协议的规定等执业。

一、遵守国家法律法规

财务共享服务从业人员应严格遵守国家有关法律法规，在独立、客观、公正的前提下，依据业务实质，以《企业会计准则》为准绳，坚持专业判断，提供财务专业服务。

二、遵守职业道德规范

财务共享服务从业人员应当恪守会计职业道德，爱岗敬业、坚持准则、提高技能、客观公正、强化服务，维护职业形象和行业信誉。

三、遵守企业业务标准

遵守所服务企业集团内部的会计规范等业务标准，对不同服务对象的同质业务，按照相同标准执行业务处理，满足会计信息可比性的要求。

四、遵守合同协议规定

财务共享服务从业人员应当严格按照服务水平协议（SLA）确定的服务内容、权限，准确、及时地为企业提供专业服务，维护企业的合法权益，保守企业的商业秘密。

第二节 职责分工

集团总部、企业和财务共享服务机构应按照服务水平协议确定的服务内容、相关制度规定和系统权限配置等进行职责分工，明确并履行各自的职责，以保证服务质量、提高服务效率。集团总部作为战略管控与决策支撑中心，开展战略财务工作；企业作为业务运行与创效主体，开展业务财务工作；财务共享服务机构作为服务执行主体，开展共享财务工作。

一、集团总部职责

集团总部负责集团战略支撑、财务战略规划，财务政策与制度制定，财务业务标准与流程规范统一，财务共享信息化与智能化建设，财务监管和考核组织等管控型工作。上线前负责财务共享的规划、建设与实施；上线后负责解决财务共享服务机构和企业间的业务处理争议、修改完善业务处理政策标准、做出财务业务流程再造决策等。

二、企业端职责

企业负责深入业务前端，做好经营分析、预测、监控、评价和考核等价值管理工作，推动企业经营目标落实并进行风险控制，对财务业务的真实性、合法性负责。

上线前，负责债权和债务清查，核销呆坏账和无须偿付债务，确保账实一致；开展账务检查，调整不合规会计处理和非正常余额，确保账表合规；开展税务和资金风险排查，确保风险可控；梳理财务业务处理流程，确保流程科学、规范、高效；按照业务标准化规范，梳理业务并整改非标准化业务。

上线后，按照文件制度规定，及时移交账务处理、资金结算和报表出具等系统操作权限；按照内部控制要求，梳理财务业务流程，补充缺失控制点，删除低效控制点；加强业务审核，切实对业务的真实性与合法性等负责；均衡提报业务，减轻财务共享服务机构期末业务处理的压力；提供完整、合法、真实的原始凭证，提报准确的辅助核算信息，确保费用预算充足；负责原始凭证的收集、整理以及会计档案的接收和保管；负责纳税申报以及与税务部门的沟通；负责审计、稽查/检查相关资料的提供及解释等工作。

三、共享端职责

财务共享服务机构对业务处理的准确性、规范性、及时性负责。集团总部赋予其监管权限时，应履职到位。

在财务共享服务机构建设初期，应按照服务水平协议为集团总部和企业提供准确、规范、及时的会计核算、资金结算、报表出具服务；账务处理时负责审核原始凭证的完整性、合规性以及账务处理的准确性，以满足《会计基础工作规范》相关要求；负责原始凭证的接收、整理、装订、建档、电子副本生成、临时保管、档案移交等；配合企业做好审计、稽查/检查等相关工作。

在财务共享服务机构优化提升和卓越运营期，应挖掘企业需求，协助企业做好风险防控；提供财务专家咨询、政策研究和培训服务；提供财务流程设计、优化提升和财务信息化服务；挖掘财务数据价值，提供财务决策支持服务。

第三节　建设基础与流程构建

一、建设基础

为了保证财务共享服务建设顺利，在财务共享服务建设前或筹建过程中，财务管理架构、会计政策、主数据、财务业务流程和信息系统等方面应具备相应的基础。

（一）财务管理架构基础

企业集团为了优化财务管理架构、提高财务管理效率，应当建立扁平化的财务管理架构，减少财务管理和核算层级，实现两级管理与核算，优化审批节点，缩短审批流程，高效传递信息，统一业务标准，提高信息质量。

（二）会计政策基础

企业集团应按照《企业会计准则》、所属行业特征、业务特点、企业实际情况制定《企业会计手册》《企业报表格式》《财务共享服务业务操作规范》等企业适用的会计政策。

（三）主数据基础

主数据是业务应用的基石。企业集团应对会计科目、客户、供应商、员工和物料等企业财务业务基础数据进行编码管理，制定编码标准、规范数据编码，确保主数据的统一，确保整个财务业务系统数据的一致性、完整性、相关性和准确性，以利于业务运行和决策分析。对于会计科目主数据，总分类科目应在《企业会计准则》确定的总分类科目表中进行选择，明细分类科目应结合企业的实际业务情况和管理需求进行设置，并规定科目使用要求。

（四）财务业务流程基础

根据内部控制要求，结合企业所属行业特征及业务特点，统一调整企业现有财务业务流程，形成一套适合所有分/子公司的业务流程（包括业务处理流程、岗位操作规范和管理制度）。

（五）信息系统基础

为了保证业务处理的质量和效率，便于数据收集和整理，应当统一信息系统的功能和接口标准，使其具有开放性，能够兼容其他信息系统。同时对系统应用提出管理要求，确保数据的完整性。

二、流程构建

通过设计合理的财务共享服务流程，清晰界定财务共享服务机构和企业的职责，明确线上和线下业务流转关键节点，保障业务的高效运营。财务共享服务流程构建包括构建原则、构建步骤和业务流程构建等。

（一）构建原则

标准化原则。提炼同类业务的共性，并进一步规范和统一，形成标准流程。

科学性原则。流程设计应注重提高运行效率、有助于控制管理并符合企业未来业务拓展方向。

自动化原则。流程应充分利用智能设备和信息技术平台自动化功能，减少人工操作，提高自动化水平。

成本效益原则。基于流程构建需求的迫切性，结合业务流程现状，考虑构建的难易程度等，按照成本效益原则，确定流程构建的优先顺序。

重视流程增值性原则。识别具有增值作用和非增值作用的流程，简化或合并非增值性流程，重视流程的增值性构建。

嵌入“业财一体化”理念。后台的操作流程应当驱动前端的相关业务，促进其标准化与规范化。逐步实现整个企业前端、中端和后端的统一规范操作，有效提升整体效率。

风险控制原则。流程构建应纳入风险识别、评估、预警、及时响应和处理等风险控制管理活动。

（二）构建步骤

流程的构建应顺应企业内外部环境的变化、战略目标的转变、企业的发展、组织结构的变化和业务领域的拓展等，满足企业整体在公司战略、成本、效率及合规性方面的要求。构建步骤具体包括：

第一步：财务业务流程梳理。梳理业务流程，充分打开流程节点，分析鉴别流程中需要标准化的环节、企业（板块）间是否存在差异，识别可统一的空间度。

第二步：财务业务流程分析与诊断。分析现有业务流程的客户需求、运行所消耗的资源；对标标杆企业的流程，查找问题或差距，制定解决办法；分析内部控制缺陷及风险点；测试流程稳定性；比较流程构建投入产出；等等。

第三步：财务共享模式下企业与财务共享服务机构运营交互流程的构建。

第四步：财务共享模式下流程岗位操作规范的制定。

第五步：财务共享模式下流程的优化及持续改进。

（三）业务流程构建

1. 主要工作内容

流程构建阶段的工作目标是确定财务共享服务机构操作流程，主要工作内容包括确定财务共享服务职责分工原则、基于标准化流程拆分单元流程、按业务线条梳理交互流程、结合信息系统细化流程设计（见表4–1）。

2. 主要业务流程

财务共享服务机构建立以信息技术、网络平台为基础的业务流程，为企业提供远程专业服务（见表4–2）。

3. 业务流程展示

主要展示日常服务申请流程（共享端归档）、日常服务申请流程（企业端归档）和紧急服务申请流程（共享端归档）三个主要业务流程。

日常服务申请流程（共享端归档）如图4–1所示。

日常服务申请流程（企业端归档）如图4–2所示。

紧急服务申请流程（共享端归档）如图4–3所示。

表 4-1　流程构建工作内容

工作内容	详细描述	工作目的	项目文档
确定财务共享服务职责分工原则	确定共享端与企业端的职责分工原则，清晰界定双方责任	确定流程构建原则和基础	财务共享服务职责分工原则
基于标准化流程拆分单元流程	以会计核算标准化（即涵盖会计核算业务规则、财务模板和财务报告指标体系的会计标准化流程）为基础进行分解，形成完全覆盖会计标准化流程的单元流程清单，保证每个单元流程均以“端到端”的方式展现	为详细设计财务共享服务流程奠定基础	单元流程
按业务线条梳理交互流程	根据职责分工原则，在单元流程基础上，切分共享端与企业端的职责界面，设计各流程中共享端与企业端的交互节点	为详细设计财务共享服务流程奠定基础	财务共享服务交互流程图
结合信息系统细化流程设计	以单元流程为基础，结合信息系统，分别设计财务共享服务发起、执行、交付确认的完整操作流程，梳理流程详细步骤，细化步骤操作内容及规范，关注业务的逆向流程、系统间交互单据的落地和结束步骤	为设计信息系统奠定基础	财务共享服务流程设计方案

表 4-2　企业主要业务流程

序号	流程名称	序号	流程名称
1	日常服务申请流程（共享端归档）	14	企业发起退单流程
2	日常服务请求处理流程（共享端归档）	15	增值税发票认证流程
3	紧急服务申请流程（共享端归档）	16	内部协同流程
4	紧急服务请求处理流程（共享端归档）	17	外部协同流程
5	日常服务申请流程（企业端归档）	18	无须企业提交服务申请的财务共享服务流程
6	日常服务请求处理流程（企业端归档）	19	无纸质附件服务申请流程
7	主数据财务共享服务流程（MDM 系统）	20	跨业务部门财务共享服务流程
8	主数据财务共享服务流程（非MDM系统）	21	对公挂账业务流程
9	月结/年结财务共享服务流程	22	对私挂账业务流程
10	冲销/调整财务共享服务流程	23	对私还款业务流程
11	补单财务共享服务流程	24	对私借款业务流程
12	档案业务部发起退单流程	25	对私支付业务流程
13	核算业务部发起退单流程	26	对私支付失败业务处理流程

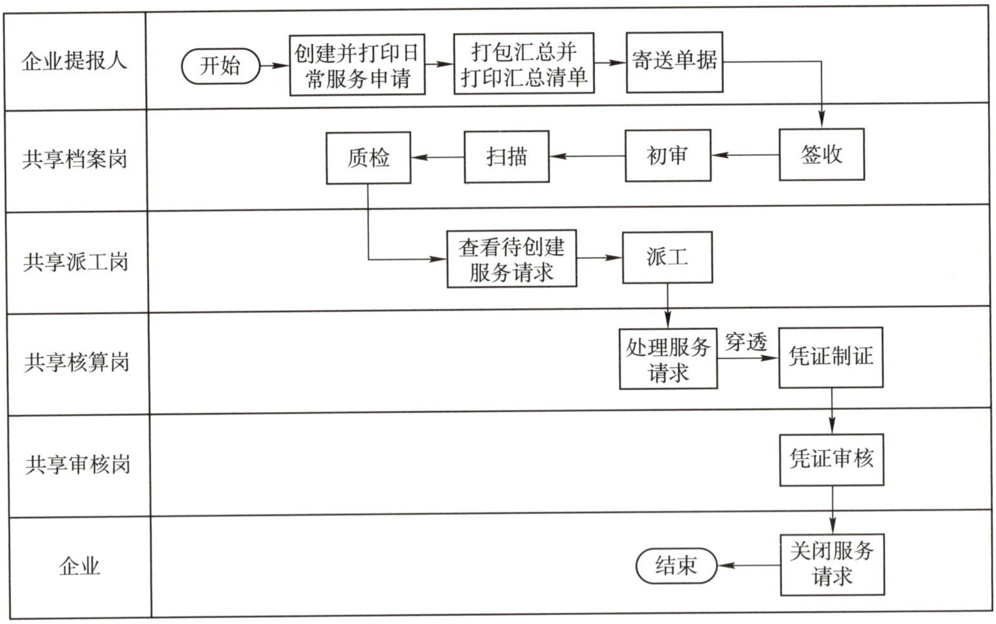

图 4-1　日常服务申请流程（共享端归档）

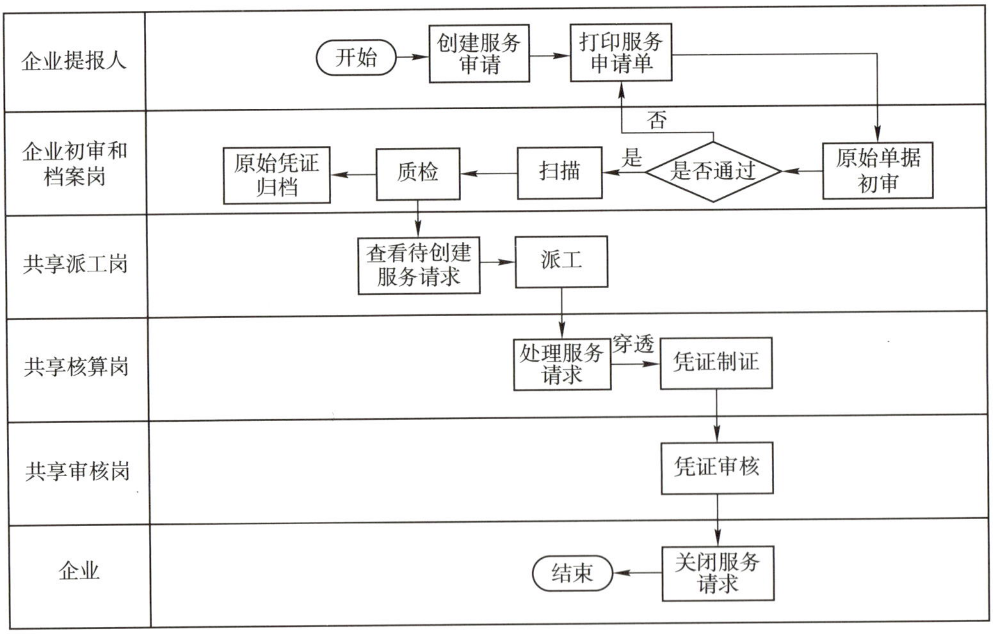

图 4-2　日常服务申请流程（企业端归档）

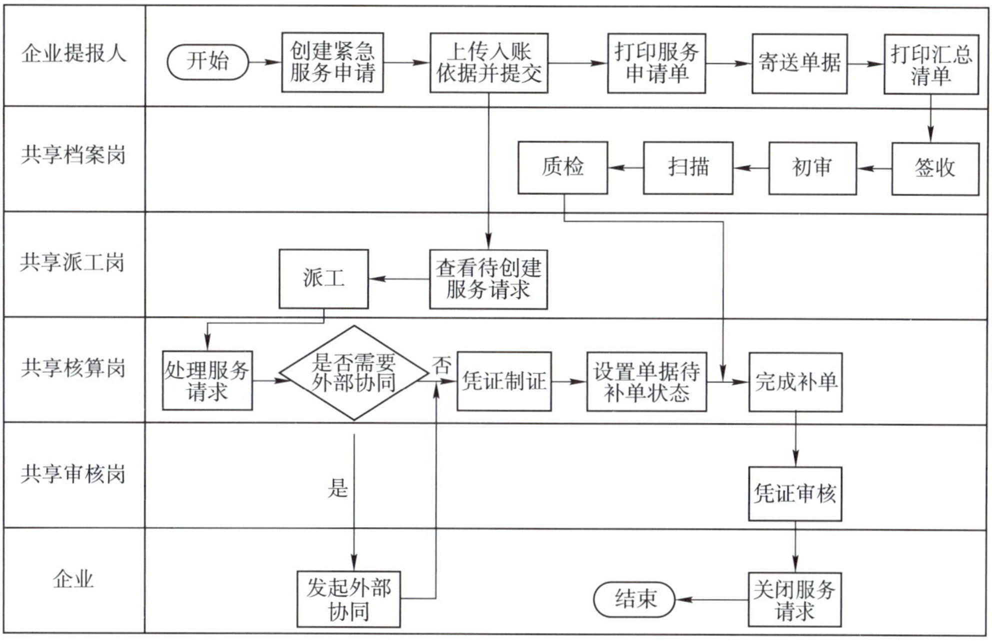

图 4-3　紧急服务申请流程（共享端归档）

第四节　基本业务

根据财务共享服务机构基本业务结构化特点和交易属性，结合企业所属行业特征以及基本业务内容，将基本业务按照流程进行划分和归口处理，使相关部门分工更加合理、员工对业务的认知更加全面。基本业务流程主要包括但不限于销售至收款、采购至付款、费用报销、账务至报表、档案收集与归档等。

一、销售至收款

（一）销售业务

1. **业务范围**

销售业务核算，包括销售收入确认、应收账款挂账等会计处理。

2. **业务流程**

销售业务流程如图4-4所示。

3. **职责分工**

（1）企业端职责

企业根据收入准则确认收入，提供开票依据，如销售合同、销售结算单、出库单等相关业务附件。

企业提供需合并开票的合同清单。

在共享电子报账系统提交服务申请，将单据寄送至财务共享服务机构或扫描至系统。

（2）共享端职责

根据企业提交的服务申请创建服务请求。

核算岗依据销售合同条款，确定销售

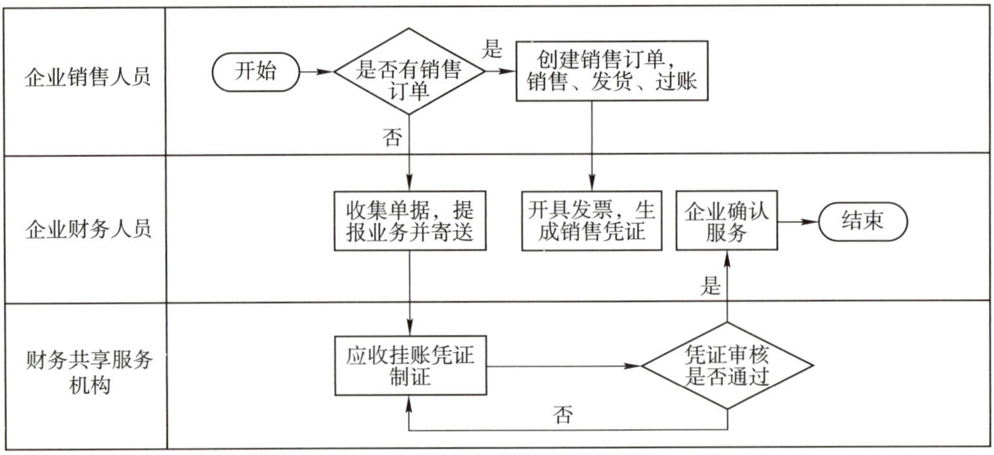

图 4–4 销售业务流程

金额并确认收入时间；核对附件（销售合同、销售结算单、送货单）中的数量、金额、合同号等内容是否一致；在共享账务处理系统完成挂账凭证。

审核岗审核凭证编制科目是否合规、金额是否一致、核算字段是否正确等。

（二）应收账款收款

1. **业务范围**

应收账款收款核算包括收到销售款、应收账款清账等会计处理。

2. **业务流程**

应收账款收款业务流程如图4–5所示。

3. **职责分工**

（1）企业端职责

企业收集发票、合同、销售通知单、缴款证明、票据、银行回单等单据。

在共享电子报账系统提交服务申请，将单据寄送至财务共享服务机构或扫描至系统。

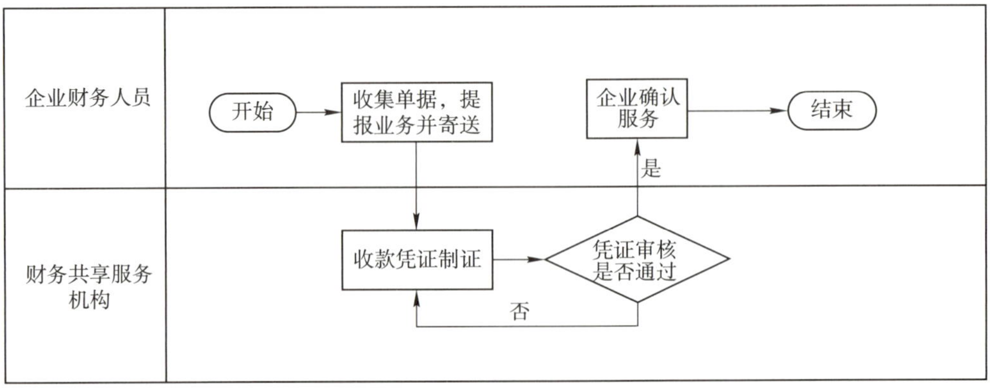

图 4–5 应收账款收款业务流程

（2）共享端职责

根据企业提交的服务申请创建服务请求。

核算岗核对附件内容与申请是否一致，编制客户收款凭证。

审核岗审核凭证编制科目是否合规、金额是否一致、核算字段是否正确。

（三）应收账款坏账准备

1. **业务范围**

应收账款坏账准备的计提、转回、核销和坏账核销后又收回等相关会计处理。

2. **业务流程**

应收账款坏账准备业务流程如图4-6所示。

3. **职责分工**

（1）企业端职责

企业提交坏账计提、核销或转回等相关管理文档。

在共享电子报账系统提交服务申请，将单据寄送至财务共享服务机构或扫描至系统。

（2）共享端职责

根据企业提交的服务申请创建服务请求。

审核企业提供的坏账准备相关核算附件。

完成应收账款坏账准备相关账务处理。

二、采购至付款

（一）应付账款挂账

1. **业务范围**

应付账款挂账核算，即收到供应商发票后的应付账款挂账业务的会计处理。

2. **业务流程**

应付账款挂账核算业务流程包括两种情况：一种是一般应付账款挂账核算，其流程如图4-7所示；另一种是优化应付账款挂账核算，其流程如图4-8所示。

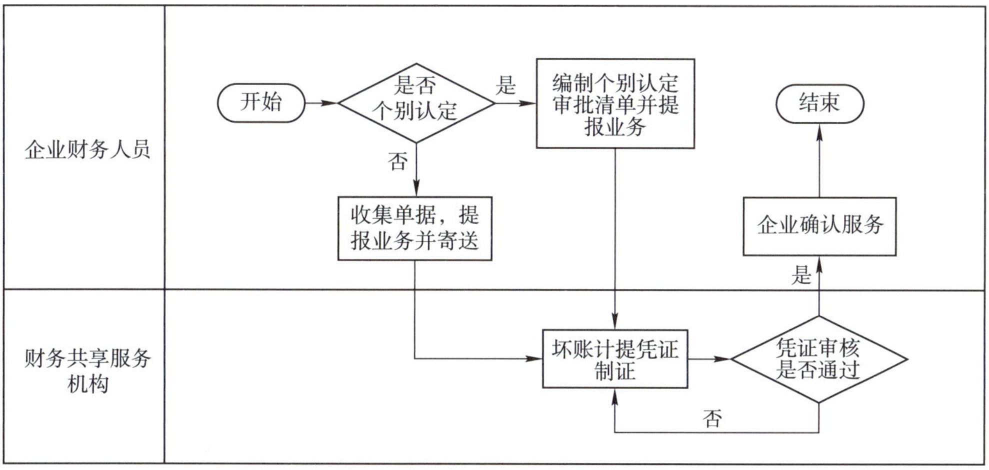

图 4-6 应收账款坏账准备业务流程

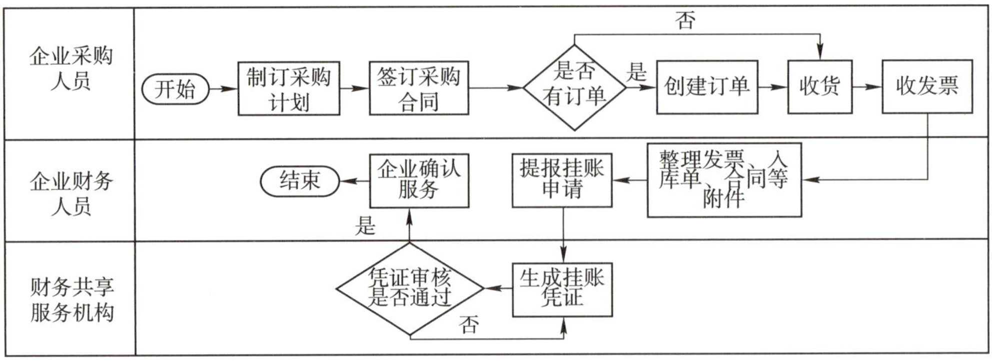

图 4-7　一般应付账款挂账核算流程

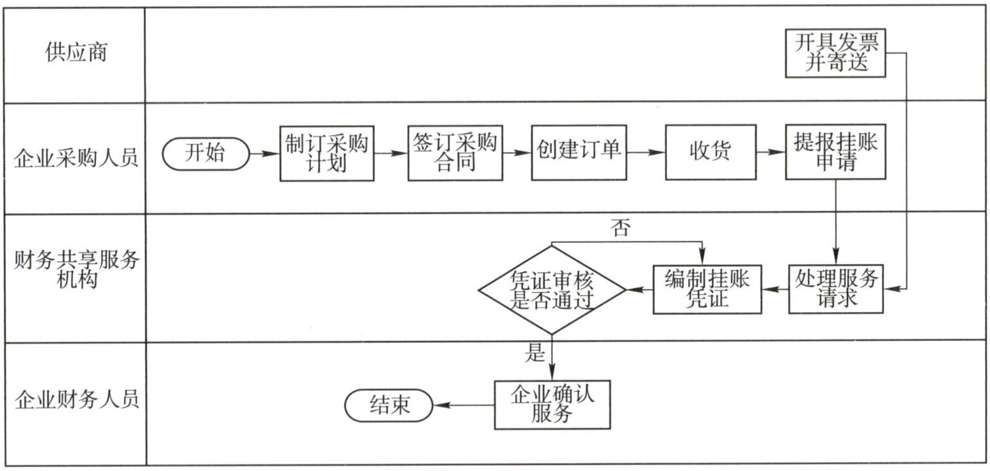

图 4-8　优化应付账款挂账核算流程

3. **职责分工**

（1）企业端职责

收集、整理采购合同、入库清单等相关原始单据。

在共享电子报账系统提报服务申请，将核实无误的相关原始单据寄送至财务共享服务机构或扫描至系统；供应商依据收到的企业开票通知开票，并将其打印出来，与实物发票一起邮寄到财务共享服务机构或扫描至系统。

（2）共享端职责

核对相关原始单据是否完备合理。

共享端通过识别开票通知上的二维码，获取开票通知单完整信息，同时对实物发票进行电子化处理，自动创建服务申请，在账务处理系统进行发票自动匹配与财务入账（通过开票通知单号连接收货方入库单与发货方实物发票，完成采购发票校验的整个过程）。

审核凭证编制科目是否合规、金额是

否一致、核算字段是否正确。

（二）应付账款付款

1. **业务范围**

应付账款付款核算包括支付采购款、应/预付账款清账等会计处理。

2. **业务流程**

应付账款付款核算流程如图4–9所示。

3. **职责分工**

（1）企业端职责

提报资金计划，整理付款审批单、银行回单等单据。

在共享电子报账系统提报支付申请，并将相关附件寄送至财务共享服务机构或扫描至系统。

（2）共享端职责

根据企业提交的支付申请创建服务请求。

根据申请内容及附件，在账务处理系统完成付款凭证。

完成资金支付并清账。

进行银行对账单和日记账的对账。

（三）应付账款暂估

1. **业务范围**

应付账款暂估适用于企业采购业务发生的月末货到票未到情况下的会计处理。

2. **业务流程**

应付账款暂估核算业务流程如图4–10所示。

3. **职责分工**

（1）企业端职责

确保采购业务真实合规，核实采购入库数量，按计划价格暂估应付账款金额。

整理采购合同、入库清单、暂估依据等相关附件。

在共享电子报账系统提交服务申请，寄送相关原始单据至财务共享服务机构或扫描至系统。

次月收到发票后提报冲销暂估申请。

（2）共享端职责

根据企业提报的服务申请内容，核对

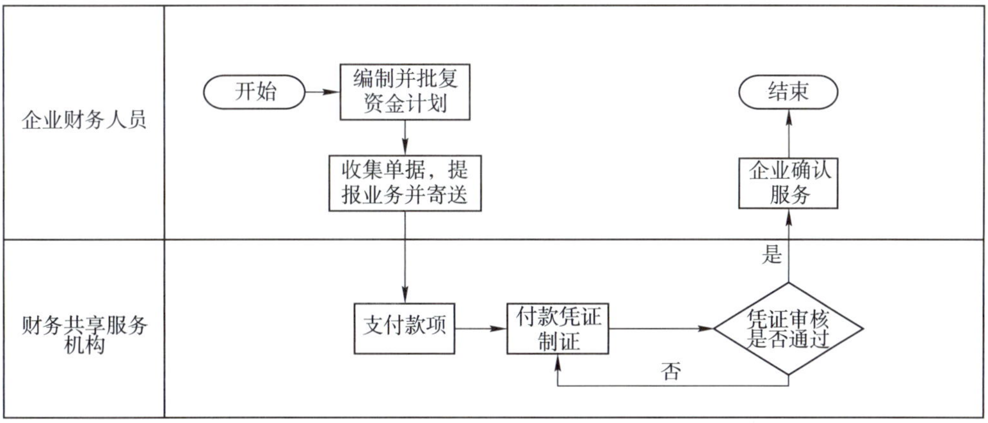

图 4–9　应付账款付款核算流程

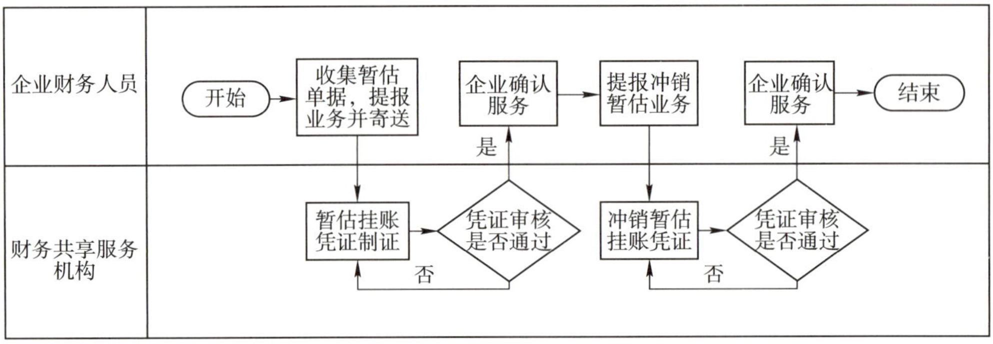

图 4-10　应付账款暂估核算流程

相关附件是否完备合理。

在共享账务处理系统完成暂估挂账凭证。

审核凭证编制科目是否合规、金额是否一致、核算字段是否正确。

根据企业提报的冲销申请冲销暂估挂账凭证。

（四）预付账款坏账准备

1. 业务范围

预付账款坏账的计提、核销或转回等相关会计处理。

2. 业务流程

预付账款坏账准备核算流程如图4-11所示。

3. 职责分工

（1）企业端职责

整理预付账款坏账计提、核销或转回等的相关管理资料。

在共享电子报账系统提报服务申请，寄送相关附件至财务共享服务机构或扫描

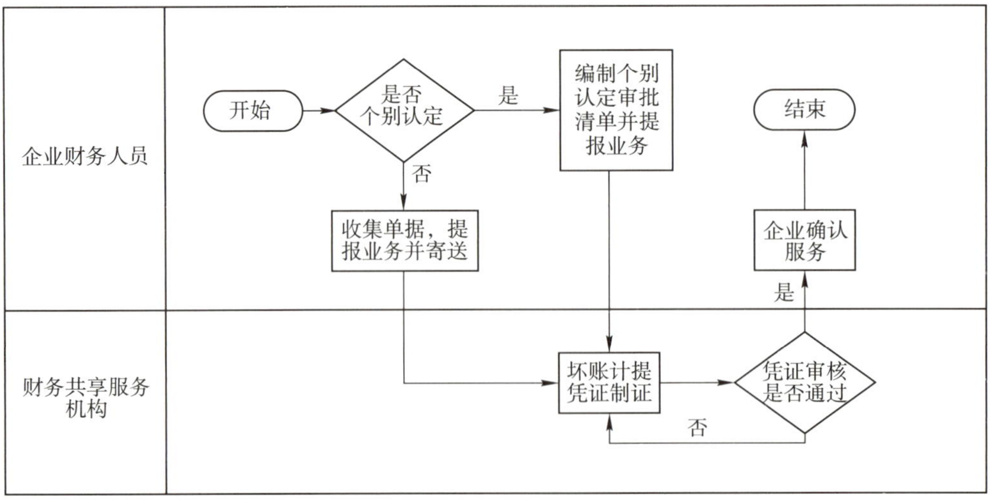

图 4-11　预付账款坏账准备核算流程

至系统。

（2）共享端职责

根据企业提报的服务申请创建服务请求。

审核企业提供的坏账准备相关核算附件。

完成预付账款坏账准备相关账务处理。

三、费用报销

（一）费用报销业务

1. **业务范围**

包括差旅费、培训费、会议费、招待费、印刷费等零星费用的报销挂账业务。

2. **业务流程**

费用报销核算业务流程如图4-12所示。

3. **职责分工**

（1）企业端职责

安排费用预算计划。

审批费用申请。

在共享电子报账系统提报报销申请，寄送发票等相关附件至财务共享服务机构或扫描至系统。对于使用商旅平台或者“业财一体化”的企业，员工按照商旅平台流程提报服务申请。

（2）共享端职责

根据企业提报的报销申请内容，核对相关附件是否完备合理，在共享账务处理系统完成挂账凭证。对于使用商旅平台或者“业财一体化”的企业，财务共享服务机构对后期商旅平台集成的付款报销单、住宿费发票、住宿费明细、机票明细、未到发票税款明细等附件进行核对，并在关联交易平台完成挂账。

审核凭证编制科目是否合规、金额是否一致、核算字段是否正确。

（二）员工借款与还款

1. **业务范围**

员工借款指企业职工用于零星采购、

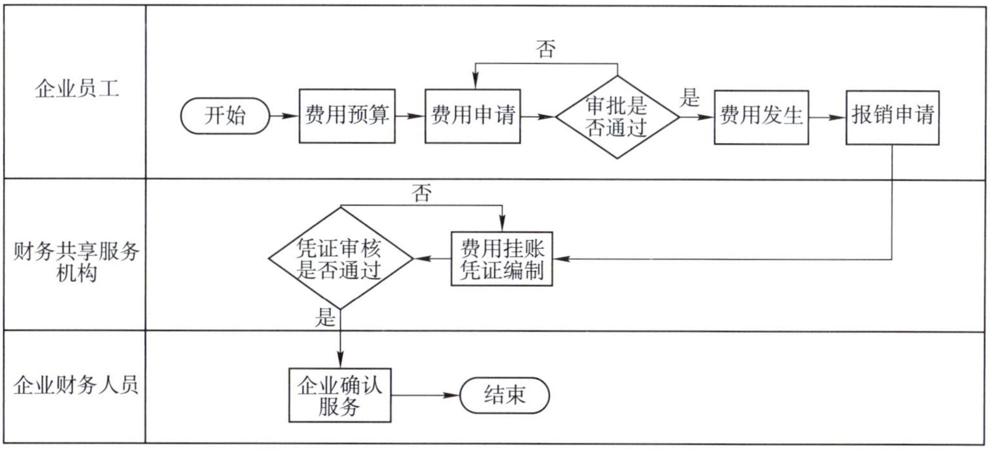

图 4-12　费用报销核算业务流程

零星开支、差旅费等支出的借款。对私还款仅指用现金或银行存款还款，报销冲借款业务走报销挂账流程。

2. **业务流程**

员工借款核算业务流程如图4–13所示；员工还款核算业务流程如图4–14所示。

3. **职责分工**

（1）企业端职责

负责业务的真实性。

对私借款仅用于零星采购、零星开支、差旅费等支出，设定个人借款限额；前账未清，企业财务部门不得继续预支。

创建、提交借款申请单。

按内控流程和权限完成企业审批流程。

（2）共享端职责

负责业务核算的规范性。

进行财务初审。

生成挂账凭证。

完成凭证复核。

（三）报销付款

1. **业务范围**

零星费用报销业务，包括用现金或银行存款支付报销款的相关会计处理。

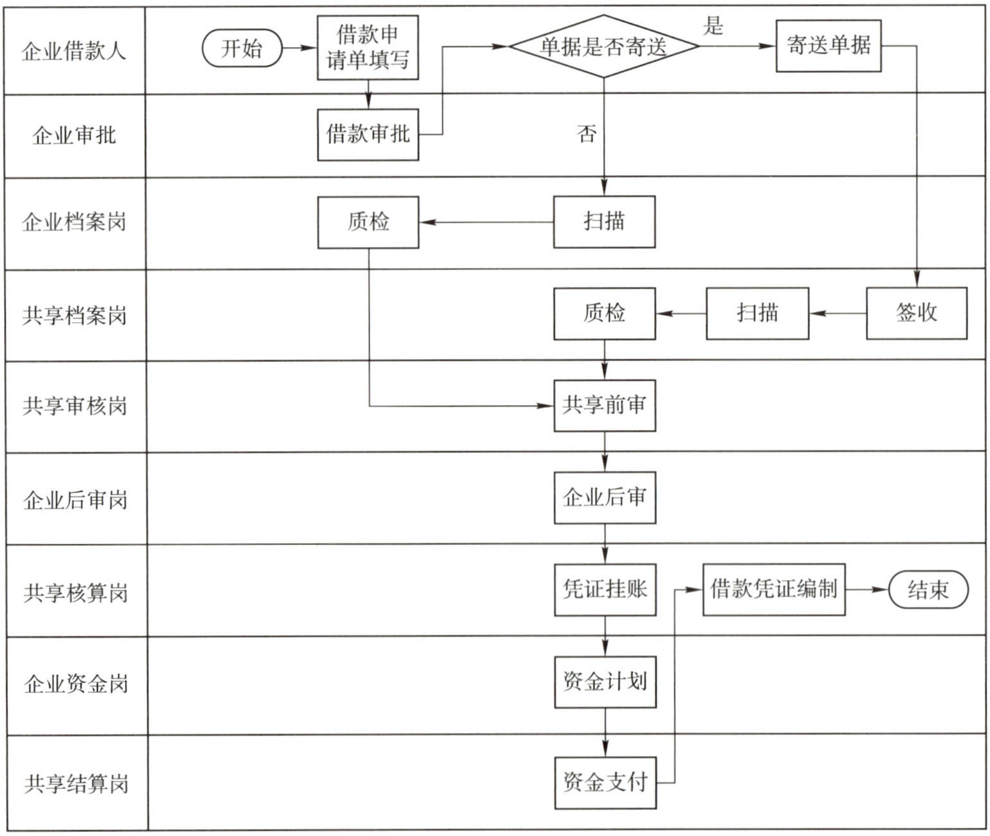

图 4–13　员工借款核算业务流程

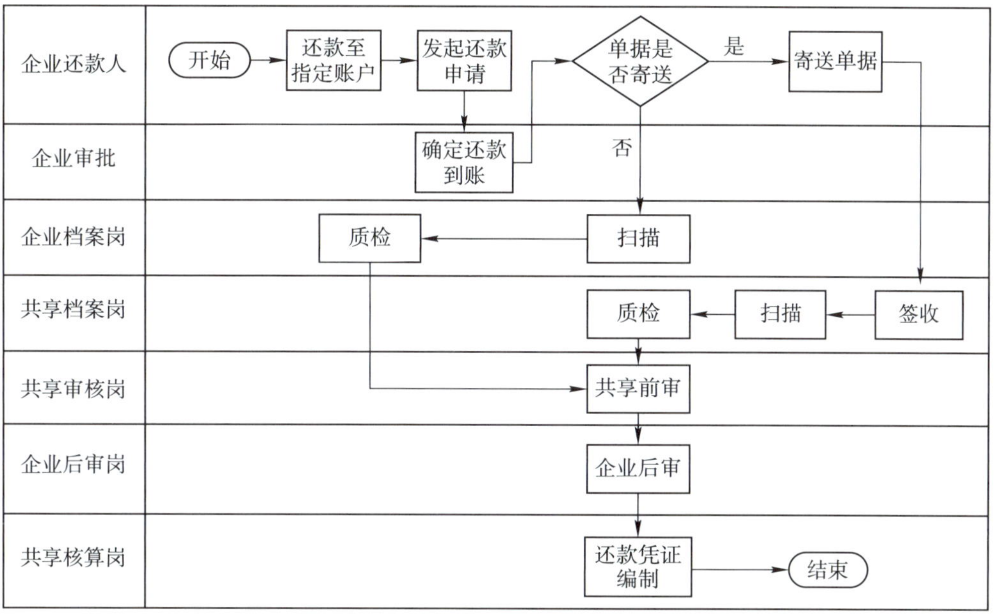

图 4-14　员工还款核算业务流程

2. **业务流程**

报销付款核算业务流程如图4-15所示。

3. **职责分工**

（1）企业端职责

提报资金计划。

在共享电子报账系统发起支付申请。

报销专户头寸准备。

（2）共享端职责

核对支付申请的内容、附件、收款人信息。

完成资金支付并清账。

审核付款凭证是否准确无误。

（四）对私业务主数据

1. **系统管理**

企业发生单据类型新增和流程分类新增等事项，由企业提交修改申请，财务共享服务机构审批通过后，执行系统修改。

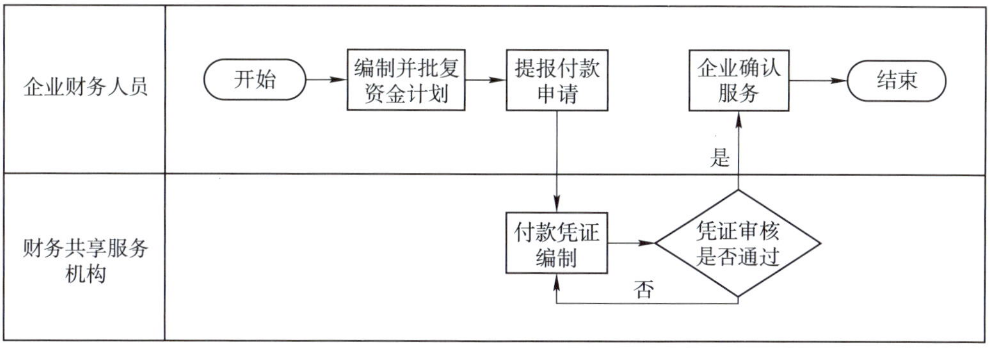

图 4-15　报销付款核算业务流程

2. **主数据管理及配置**

涉及主数据相关事项的增减、变更，由企业提交调整申请表，财务共享服务机构审批通过后，执行系统修改。

3. **组织机构与员工信息调整**

企业发生组织机构调整时，需先在HR系统申请调整，HR系统变更完成后，报销系统同步变更。特殊情况下，企业需在报销系统调整组织机构，需提供组织机构调整申请表，报销系统运维部门备案后进行变更。

企业发生员工信息调整时，由人事部门及时在HR系统进行信息更新，报销系统同步员工主数据信息。

4. **公司代码配置**

基础参数配置变更（本位币设置、报销币种配置、配置启用—公司代码、配置启用—利润中心、利润中心配置、成本中心配置、分支号启用配置），由企业按审批通过的变更申请表进行修改操作。

业务相关配置变更（定额配置、主数据选用、报销职级映射、报销职级名称映射、流程相关主数据、内部关联单位黑名单、利润中心分摊、特殊流程必填配置），由企业按内部控制的要求及审批通过的变更申请表进行修改操作。

凭证生成规则变更（公用—扩展辅助核算配置、公用—扩展分录配置、公用—凭证草稿变量配置、公用—借方分录供应商、公用—税码与科目映射等），由企业向财务共享服务机构提供审批通过的变更申请表，财务共享服务机构评估企业提交的变更申请并根据评估结果进行相关操作。

支付相关配置变更（支付方式与科目映射），由财务共享服务机构严格按照总部要求执行。

代付相关配置变更，由企业向财务共享服务机构提供审批通过的变更申请表，财务共享服务机构评估企业提交的变更申请并根据评估结果进行相关操作。

5. **业务节点配置**

报销单基础配置变更（报销单据配置、特殊流程配置），由企业按内部控制要求及审批通过的变更申请表进行修改操作。

四、账务至报表

（一）主数据业务

1. **业务范围**

包括会计科目、银行账户、供应商、客户、利润中心、利润中心组及借款、委托贷款、内部统计型订单、统计指标、作业类型、物料、成本中心、成本中心组、成本要素组、内部订单、内部订单组、次级成本要素等主数据的创建、变更等业务处理。

2. **业务流程**

主数据管理（Master Data Management，MDM）系统主数据财务共享服务流程如

图4-16所示，非MDM系统主数据财务共享服务流程如图4-17所示。

3. **职责分工**

MDM系统管控的主数据由企业在MDM系统维护并提交，财务共享服务机构在MDM系统进行复核，企业负责分发到会计核算系统。

非MDM系统管控的主数据由企业在财务共享电子报账系统提交维护申请，财务共享服务机构负责在会计核算系统进行维护。

（二）投资业务

1. **业务范围**

适用于以摊余成本计量的金融资产业务、以公允价值计量且其变动计入其他综合收益的金融资产业务、以公允价值计量且其变动计入当期损益的金融资产业务、长期股权投资业务的会计处理。

以摊余成本计量的金融资产业务主要包括以摊余成本计量的金融资产的取得、投资收益的确认、到期收回本息和中途处

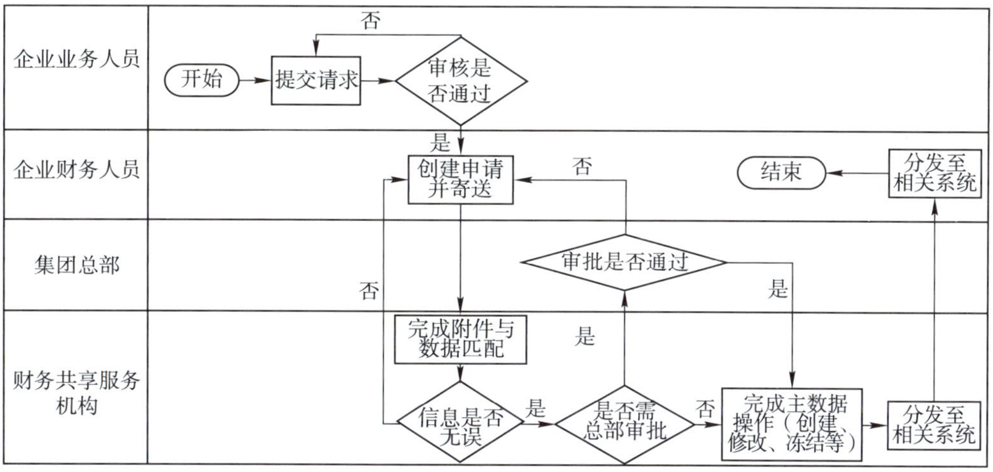

图 4-16　MDM 系统主数据财务共享服务流程

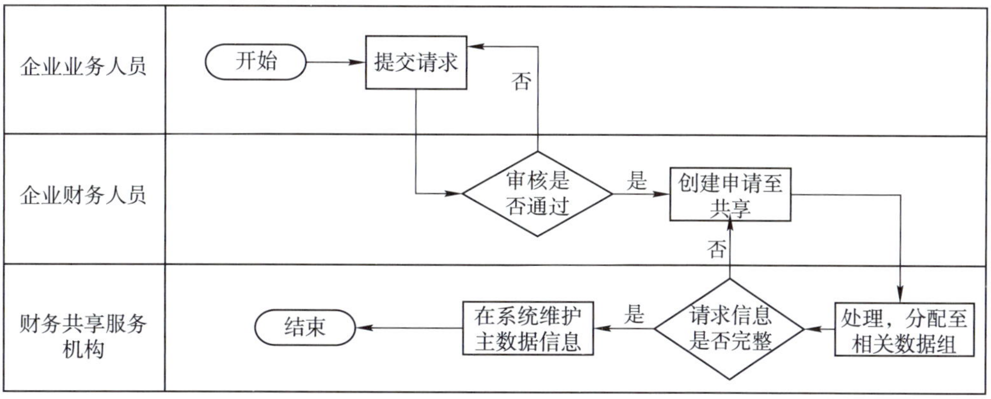

图 4-17　非 MDM 系统主数据财务共享服务流程

置等相关会计处理。

以公允价值计量且其变动计入其他综合收益的金融资产业务主要包括金融资产的取得，利息、股利、红利的确认和收取，基金红利再投资以及该金融资产公允价值变动的相关会计处理。

以公允价值计量且其变动计入当期损益的金融资产业务主要包括金融资产的取得，期末公允价值变动，利息、股利、红利的确认和收取，基金红利再投资等的相关会计处理。

长期股权投资业务主要包括长期股权投资初始计量、后续计量、核算方法转换、减值准备、处置处理等的会计处理。

2. **业务流程**

投资业务流程如图4-18所示。

3. **职责分工**

（1）企业端职责

在财务共享电子报账系统提交服务申请，将投资合同/协议、投资申请批复、银行回单、被投资企业利润表、投资收益确认表等相关原始单据寄送至财务共享服务机构或扫描至系统。

（2）共享端职责

根据企业提交的服务申请内容，核对相关附件是否完备合理。

在共享账务处理系统完成投资业务账务处理。

审核凭证编制科目是否合规、金额是否一致、核算字段是否正确。

（三）一般总账业务

1. **业务范围**

适用于所有者权益、营业外收支、专项供应商等业务的会计处理。

所有者权益业务主要包括企业实收资本/股本的增减、利润分配和内部资本核定、盈余公积提取和使用等。

营业外收支业务主要包括非货币性资产交换损失、罚款收入/支出、捐赠支出、非常损失、盘亏/损毁损失及其他营业外收入/支出等。

专项供应商业务主要包括保证金、风

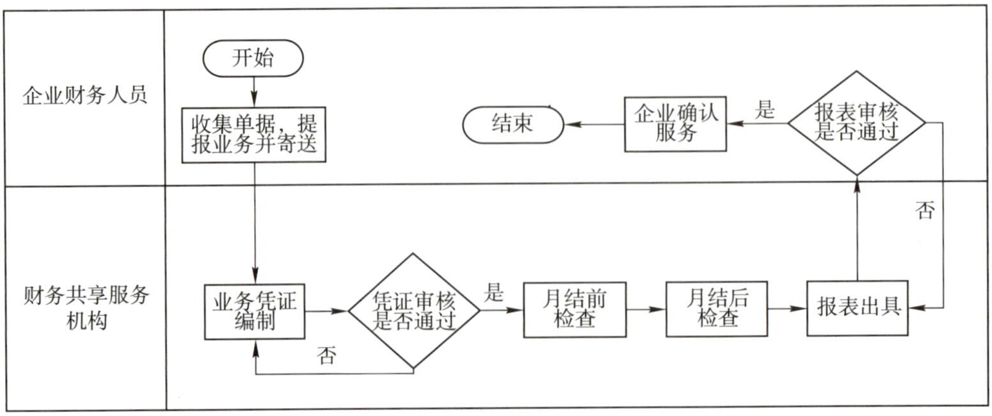

图4-18　投资业务、一般总账业务、专项业务核算流程

险抵押金、其他应付款清账，党费、团费收取，专项代管款项、住房维修基金及利息支付。

内部资本核定业务主要包括上级单位将拨付的补充流动资金、固定资产购建资金、减员分流资金、专项资金等核定为下级单位的内部资本。

其他业务包括主要核算债务重组、递延收益、非货币性资产交换（公允价值计量）、衍生工具核算、套期保值核算、环保支出、承诺事项、担保事项等相关业务核算和报表编制。

2. **业务流程**

一般总账业务核算流程如图4–18所示。

3. **职责分工**

（1）企业端职责

在财务共享电子报账系统提交服务申请，将增/减资方案、利润/股利分配方案、收到或支付罚款说明、捐赠批复、资产报废毁损审批表及清单、银行回单或资产清单等相关原始单据寄送至财务共享服务机构或扫描至系统。

（2）共享端职责

根据企业提交的服务申请内容，核对相关附件是否完备合理。

在共享账务处理系统完成一般总账业务挂账凭证。

审核凭证编制科目是否合规、金额是否一致、核算字段是否正确。

（四）专项业务

1. **业务范围**

适用于税费业务、薪酬业务、安全生产费业务、需次月冲回业务、会计政策变更及差错调整等的会计处理。

税费业务主要包括增值税、消费税、城市维护建设税、教育费附加、企业所得税、房产税、车船使用税、土地使用税、印花税、资源税、行政性收费和个人所得税等账务处理。

薪酬业务主要包括薪酬计提发放、工资暂估/冲销、劳务费、五险一金、福利费、职工教育经费、工会经费和劳动保护费等账务处理。

安全生产费业务主要包括安全生产费提取、使用及结转等账务处理。

需次月冲回业务包括冲销、调账及其他。

2. **业务流程**

专项业务核算流程如图4–18所示。

3. **职责分工**

（1）企业端职责

在共享电子报账系统发起申请，将税费、薪酬、安全生产费等相关单据寄送至财务共享服务机构或扫描至系统。

（2）共享端职责

对相关资料进行审核。

在共享账务处理系统中，完成账务处理。

审核凭证编制科目是否合规、金额是

否一致、核算字段是否正确。

（五）项目结算流程维护业务

1. 业务范围

适用于项目结算流程、项目结算规则维护。

2. 业务流程

项目结算流程、项目结算规则维护流程如图4-19所示。

3. 职责分工

（1）企业端职责

在共享电子报账系统提交服务申请，并上传项目成本结算清单（电子表）。

（2）共享端职责

核对相关附件是否完备合理。

根据企业提交的项目成本结算清单/电子表进行账务处理。

审核凭证编制科目是否合规、金额是否一致、核算字段是否正确。

（六）成本手工过账业务

1. 业务范围

适用于手工成本重过账业务、手工成本分配业务。

2. 业务流程

成本手工过账业务核算流程如图4-19所示。

3. 职责分工

（1）企业端职责

收集、整理手工成本重过账表，在共享电子报账系统提交申请，将原始单据寄送至财务共享服务机构或扫描至系统。

（2）共享端职责

对相关资料进行审核。

在共享账务处理系统中，完成手工成本重过账业务、手工成本分配业务的账务处理。

审核凭证编制科目是否合规、金额是

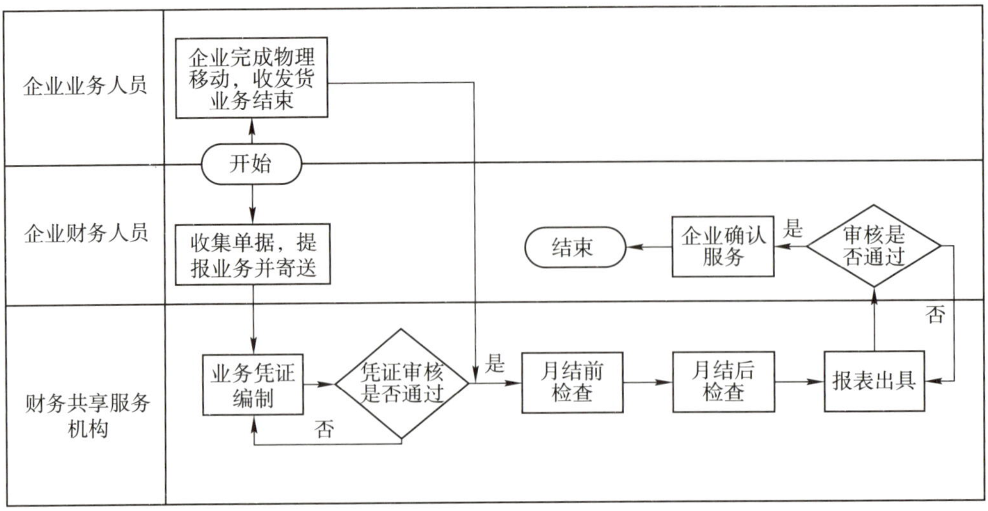

图 4-19　项目结算流程维护业务、成本手工过账业务、成本暂估业务、存货减值业务、存货盘点业务、成本费用结转/调整业务核算流程

否一致、核算字段是否正确。

（七）成本暂估业务

1. 业务范围

按照权责发生制和配比原则，暂估已发生未结算的费用。

2. 业务流程

成本暂估核算流程如图4–19所示。

3. 职责分工

（1）企业端职责

收集、整理业务部门编制的工作量进度完成情况、实际消耗量统计表等与成本暂估核算相关的原始单据，在共享电子报账系统提交服务申请，将原始单据寄送至财务共享服务机构或扫描至系统。

（2）共享端职责

对相关资料进行审核。

在共享账务处理系统中，完成成本暂估核算的账务处理。

审核凭证编制科目是否合规、金额是否一致、核算字段是否正确。

（八）存货减值业务

1. 业务范围

适用于企业原材料、自制半成品、库存商品等存货的减值计提、转回和转销等核算。

2. 业务流程

存货减值核算流程如图4–19所示。

3. 职责分工

（1）企业端职责

收集、整理减值计提测算表、企业会议纪要、减值批复文件等与存货减值核算相关的原始单据，在共享电子报账系统提交服务申请，将原始单据寄送至财务共享服务机构或扫描至系统。

（2）共享端职责

对减值测试报告、企业会议纪要等相关资料进行审核。

在共享账务处理系统中，完成原材料、半成品及库存商品等减值的核算。

审核凭证编制科目是否合规、金额是否一致、核算字段是否正确。

（九）存货盘点业务

1. 业务范围

适用于资产负债表日企业对存货数量进行实地清查盘点，查清实际库存与账面库存是否存在差异，对于存在差异的，查明原因并及时进行调整的会计处理。

2. 业务流程

存货盘点业务流程如图4–19所示。

3. 职责分工

（1）企业端职责

收集、整理存货盘点表/报告等原始单据，在共享电子报账系统中创建并提交服务申请，将原始单据寄送至财务共享服务机构或扫描至系统。

（2）共享端职责

对存货盘点表/报告等相关资料进行审核。

在共享账务处理系统中，完成存货盘点的账务处理。

审核凭证编制科目是否合规、金额是否一致、核算字段是否正确。

（十）成本费用结转/调整业务

1. **业务范围**

适用于存货收发、调拨、转移，成本分摊分配循环，以及安全生产费、其他业务成本、材料成本差异、主营业务成本结转以及差错调整业务的会计处理。

2. **业务流程**

成本费用结转/调整业务流程如图4–19所示。

3. **职责分工**

（1）企业端职责

收集、整理审核后的与存货收发、调拨、转移，成本分摊分配循环，以及安全生产费、其他业务成本、材料成本差异、主营业务成本结转以及差错调整业务等核算相关的原始单据，在共享电子报账系统中提交服务申请，将相关原始单据寄送至财务共享服务机构或扫描至系统。

（2）共享端职责

对相关资料进行审核。

在共享账务处理系统中，完成材料成本差异结转、主营/其他业务成本结转的账务处理。

审核凭证编制科目是否合规、金额是否一致、核算字段是否正确。

（十一）月结/年结检查业务

1. **业务范围**

适用于财务共享服务机构在月度/年度报表出具之前，对账务处理的规范性、报表相关项目进行的检查。

2. **业务流程**

月结/年结检查业务流程如图4–18、图4–19所示。其中，图4–18适用于投资业务、一般总账业务和专项业务的月结/年结检查，图4–19适用于项目结算流程维护业务、成本手工过账业务、成本暂估业务、存货减值业务、存货盘点业务和成本费用结转/调整业务的月结/年结检查。

3. **职责分工**

（1）企业端职责

对于成本要素使用、成本中心、逻辑关系不正确的费用科目，存在非正常余额的待处理损益和暂估供应商挂账科目等，在共享电子报账系统中提交调整申请。

（2）共享端职责

检查相关成本科目的余额是否合理、科目的使用是否正确、资本化和费用化支出的划分与归集是否正确、费用类科目的结转是否正确、科目间的逻辑关系是否合理、暂估凭证是否生成并对往来未清项、到账通知和台账信息等进行检查。

（十二）月结/年结业务

1. **业务范围**

月末/年末进行各项检查，结转余额、

检查企业的日常业务并开关财务账期。

2. **业务流程**

月结/年结业务流程如图4–20所示。

3. **职责分工**

（1）企业端职责

录入、审定需分摊的费用金额和分摊基数，提交需重开账期的申请并说明原因。

（2）共享端职责

完成费用结转、集成业务、往来异常未清项、关联交易平台、台账信息、到账通知、GRIR月末处理、外币评估、手工调整汇兑损益、错误财务凭证、开/关ERP账务处理系统账期、客户供应商余额结转、总账余额结转、重新打开账期等检查或操作，并及时解决出现的问题。

（十三）财务报表出具业务

1. **业务范围**

按照国家统一的财务报表列报、合并财务报表、中期财务报告、分部报告等会计准则规定，根据登记完整、核对无误的会计账簿记录及其他有关资料编制报表。主要包括数据质量管控及清洗表维护、个体公司报表出具、合并报表出具、报表后续及审计调整。中期财务报告至少应当包括资产负债表、利润表、现金流量表、所有者权益变动表和附注，年度财务报告还应包括财务情况说明书。需要编制合并会计报表的企业集团，母公司除编制个别会计报表外，还应当编制企业集团的合并会计报表。

2. **业务流程**

财务报表出具业务流程如图4–21所示。

3. **职责分工**

（1）企业端职责

全面清查资产。

提供财务报表中非财务指标数据。

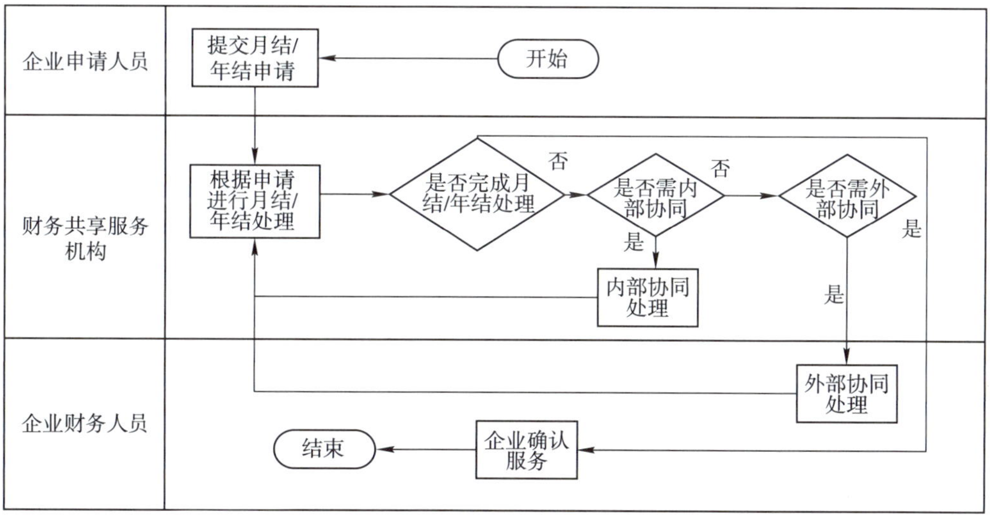

图 4–20　月结 / 年结业务流程

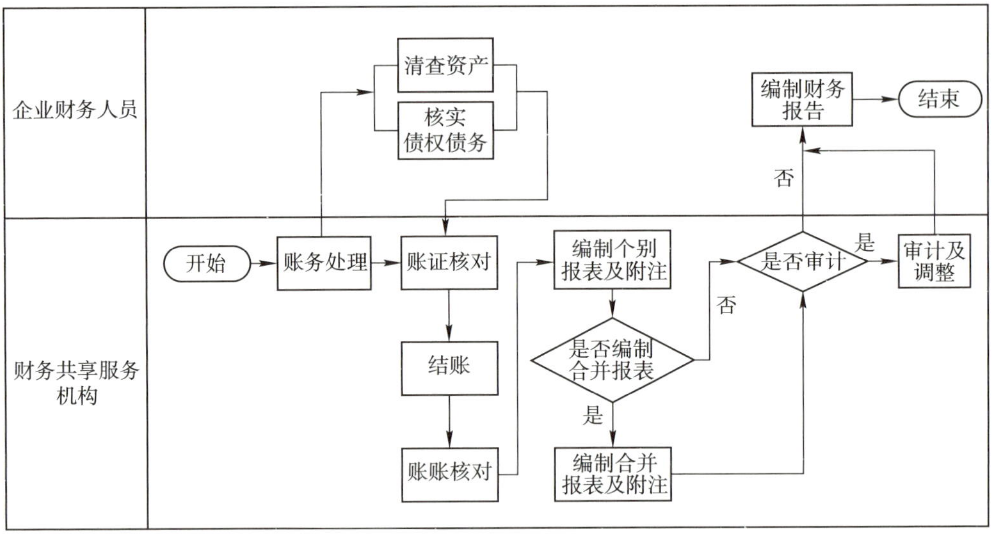

图 4-21　财务报表出具业务流程

如果涉及审计调整，企业提交调整事项申请。

编写财务情况说明书并对外披露。

（2）共享端职责

完成出具报表前的账务检查，及时解决出现的问题，确保达到报表出具条件。

编制个别会计报表。

准确维护清洗表数据。

编制合并抵销凭证，及时准确编制合并口径报表。

完成审计后相关业务调整，做好报表后续调整。

五、档案收集与归档业务

（一）业务范围

档案归档模式分为财务共享服务机构归档、企业归档两种。目前企业主要采用财务共享服务机构归档模式。该模式下，档案收集与归档业务主要包括原始凭证的签收、初审、扫描、质检、归档、装订和临时保管等。

（二）业务流程

档案收集与归档业务流程如图4-22所示。

（三）职责分工

1. 企业端职责

负责原始凭证的收集、整理、寄送；组织财务共享服务机构按时向本单位档案管理部门移交会计档案；在借阅由财务共享服务机构由临时保管的会计档案时，应履行档案查阅或借阅手续，保证查阅或借阅期间档案的安全完整、不被篡改，并按期归还。

2. 共享端职责（财务共享服务机构归档模式下）

负责原始凭证的签收、初审、扫描、质检、归档、装订、电子副本生成、临

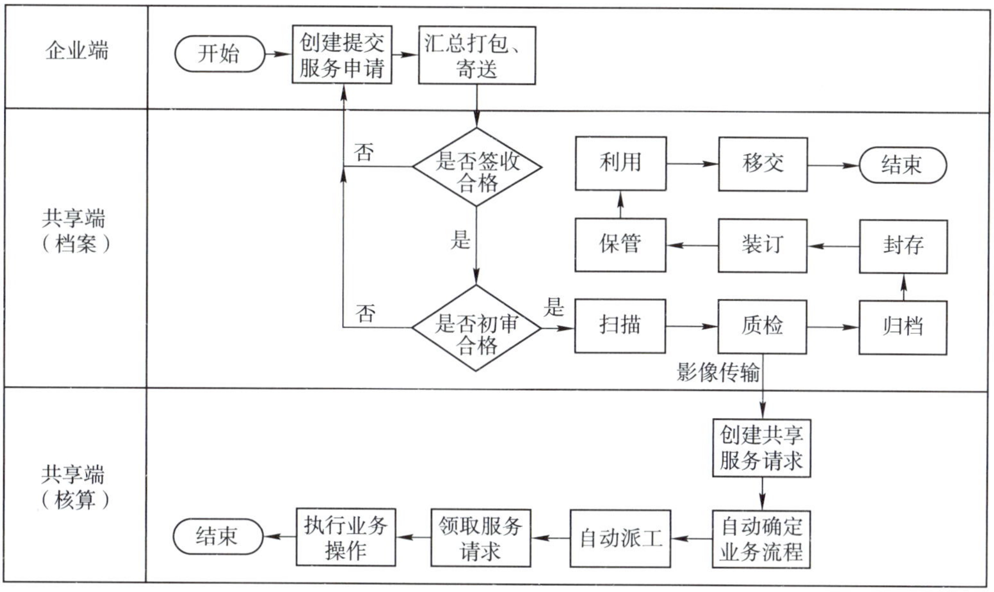

图 4-22　档案收集与归档业务流程

时保管、档案移交等服务；提供临时保管期间的查阅、借阅服务；配合企业单位财务部门按时向企业档案保管单位移交会计档案；负责档案临时保管期间档案的安全、完整，防止档案被篡改。

第五节　创新拓展业务

财务共享创新拓展业务是指除了财务共享基本业务以外的业务，主要包括专家咨询服务、数据分析服务、风险防控服务等。

一、专家咨询服务

财务共享服务机构成立后，汇聚了大量会计政策、信息系统、流程管理、数据服务等方面的专家，建立了一流的专家人才库，组建了会计咨询、税务咨询、财务管理决策支持、共享建设规划运营咨询、财务业务流程搭建、企业设立等各业务领域的服务团队，具备了提供专业服务的能力，可以为集团内外部客户提供准则解析与指导、财经政策解读、公司设立与重组、战略管理、成本管理、经营分析与业绩评价、价值管理、流程优化或再造与标准建设等方面的专家型咨询服务。

（一）准则解析与指导

1. 企业会计准则研究

财务共享服务机构专家服务团队应依托自身优势，在精准理解新会计准则的前提下，在总结诸多企业财务核算经验的基础上，结合中国会计准则和国际会计准则的新要求，把握准则变革的前沿动向和实务案例，探讨准则执行过程中的重点、难点问题，关注相关会计准则规定的调整变化，研判其对业务处理的影响及对系统调整的需求，提出应对方案，从而提高财务人员在实务中熟练运用准则、有效判断业务实质的能力，为企业提供会计准则应用建议。

2. **企业会计准则应用指导**

专家服务团队要致力于研究企业的重点/特殊会计业务，如融资、兼并、收购、重组等，做好案例分析，总结标准规范，加强准则对会计业务的指导作用，实现准则要求在系统中的落地。

（二）财经政策解读

财务共享服务机构专家服务团队应加强对行业财税、金融、价格等领域的重大财经税收政策的研究、解读和剖析，把握政策的走向、根本要求和具体运用，结合企业实际情况，开展税收筹划、税务分析、税会处理、资金管理、价格管理等方面的专业服务，为企业提供建议和指导。

（三）公司设立与重组

财务共享服务机构应依托专家服务团队，为企业提供专业、便捷的一站式公司注册及重组服务，主要包括办理工商税务登记等专项许可审批、搭建信息系统和流程、建立会计账套、提供重组方案、核算重组业务。

（四）战略管理

1. **战略制定方案**

通过对内外部环境相关信息的收集和分析，结合企业愿景，制定企业战略，确定企业投资的产业、行业和区域以及与投资需求相适应的融资政策和方式，获取较高的长期投资回报。

2. **战略调整方案**

通过对企业的内部经营数据、财务数据与外部宏观经济数据、行业数据、对标企业数据进行治理与分析，做出战略评价，判断是否进行战略调整，保证战略规划和方向的正确性。

（五）成本管理

1. **前置管理优化方案**

通过运用信息技术，加大事前和精细化成本管理力度。大力发挥以差旅费和会议费管理为代表的商旅平台、以车辆费用管理为代表的车辆网系统、以采购成本管理为代表的电子商务平台等信息系统在成本管控中的支撑作用。

2. **成本管理创新方案**

借助物联网技术跟踪分析人的行为、物的流转过程，为控制成本费用提供新的分析视角和高度。应用大数据，获得更直接和更有用的成本费用管理措施和实施方案。

3. **实时监控方案**

在生产经营过程中，将实时数据与历

史数据、计划数据等进行对比分析，找出偏差较大的成本要素。借助事先设置的相关计算方法，实时计算出任何一项成本要素变化对企业最终经营结果绝对值和相对值的影响，为选择方案提供依据。瞬间完成发现问题、分析原因、解决问题的工作，使得实时监控成本成为可能。

（六）经营分析与业绩评价

1. 动态数据建模

按照管理需求进行数据抓取，动态建模，生成管理报表。经营分析模块应为企业提供灵活的自定义报告功能，企业可以借助报表工具自定义管理会计报表的报告主体、期间（定期或不定期）、结构、数据源、计算公式和展现形式等。系统可以根据企业自定义的报表模板自动获取数据进行计算加工，并以预先定义的展现形式输出。

2. 经营指标分析和报告

一是充分应用信息平台功能，为企业提供足够丰富、高效、及时的数据源，必要时建立数据仓库和数据集市，并在统一规范的数据集的基础上，借助数据挖掘等商务智能工具方法，自动生成多维度经营分析报表。二是利用大数据分析抓取核心经营指标，进行多维度对比和分析，利用杜邦分析、利润分析等经营分析模型出具全流程经营分析报告或专项经营分析报告（如销售、成本等）。

3. 业绩评价和风险预警报告

通过建模和分析报告实时呈现经营业绩，对偏差进行预警，主要实现业绩评价和激励管理过程中各要素的管理功能，一般包括业绩计划和激励计划的制定、业绩计划和激励计划的执行控制、业绩评价与激励实施管理等，为企业的绩效管理提供支持。绩效管理模块应提供企业各项关键绩效指标的定义和配置功能，并可从其他模块中自动获取各业务单元或责任中心的相应实际绩效数据，进行计算处理，形成绩效执行情况报告及差异分析报告，对异常情况进行预警，出具风险预警报告。

（七）价值管理

1. 产权管理风险预警

主要利用大数据技术进行数据挖掘分析，并将基于规则的人工智能作为辅助，进行产权风险管理，在早期及时识别和防范风险。

2. 经营预测方案

借助大数据，提供更多价值管理信息；结合机器学习，为企业经营提供更强大的预测能力，使经营预测更可靠，在营运资本和现金流量预测方面展现其价值。

3. 并购决策方案

借助大数据的相关性分析，了解影响并购价值的关键因素，在并购价值管理中发挥重要作用。

（八）流程优化或再造与标准建设

1. 流程建设优化或再造

流程优化或再造既要在内部打通财务与业务的流程，实现自动采集、共享、实时控制与输出，更要重新对现有财务流程进行梳理，消除不增值的业务环节，将价值链条或者价值网从内部延伸到外部来实现信息的共享，以尽可能满足使用者的信息需求。流程优化或再造主要包括输入和输出两个环节。

（1）输入环节的流程优化或再造

通过对核算、业务前端供应商（如差旅费服务、原材料、日常办公设备及低值易耗品等）系统以及价值网中客户端的信息集成，实现集中采购与价值网中客户端的价值信息共享，使财务部门能够实时获取并监控多种原始凭证的来源，免除业务部门在业务发生时产生原始凭证和编制会计凭证的过程。一方面实现无纸化传递，另一方面尽量实现在业务前端按照一定的数据规则统一获取信息，不再由人工提供或者经业务端再加工后提供，以保证业务的真实性以及账实相符。同时，能够自动生成实时报告并提供给需求者。

（2）输出环节的流程优化或再造

运用各种可能的数据挖掘和展示技术，按照使用者的需求，分析生成会计信息、内部业务经营者信息、外部价值链的供应商信息、客户信息和竞争者信息等的数字仪表盘及其他可视化的数据信息，以帮助企业了解客户行为、预测销售趋势、确定某一组客户或者产品的收益率等。

2. 标准建设

标准建设是财务共享建设过程中最重要的一环。通过业务标准化建设，可以实财务共享后企业集团集中管控的目的，降低核算风险，提升财务核算质量，提高财务核算效率，为财务核算自动化、智能化奠定基础。标准化不仅是经济业务会计核算过程的标准化，也是与经济业务核算过程有关的财务管控的标准化，包括核算制度、核算流程、核算标准、核算要求、核算附件、操作要求等。

在共享推进过程中，为企业集团提供核算制度、标准、流程、操作、附件等方面的标准体系建设咨询服务，提高业务的标准化程度和信息的透明度，促进核算标准和操作规范的统一化。在共享实施上线前，提供企业规范化、标准化整改咨询服务，先标准后上线，逐步形成企业集团基本统一的业务流程操作标准和规范。

二、数据分析服务

（一）数据分析服务类型

1. 基础数据服务

基础数据服务的内容主要包括：依据企业三大财务报表的相关信息，提供企业会计政策及其变动分析、财务报表项目及其结构分析、财务能力分析、企业综合分析与评价等。财务共享服务机构应利用财务报告提供的信息资料，对企业进行盈利能力、经营效率、偿债能力、发展能力等财务能力以及综合能力的分析与评价，预测企业未来的盈利情况与产生现金流量的能力，为企业相关经济决策提供支持。

2. **高端数据服务**

基于企业对数据服务的不同需求，以“业财融合”为理念，以管理会计方法和工具为实施手段，以共享信息平台为系统依托，发挥财务共享服务机构数据管理中心的优势，运用“大智云移物”信息技术，充分挖掘数据的价值，让数据驱动决策、数据驱动流程、数据驱动产品、数据驱动业务，为企业的精细化管理提供支撑和决策依据。在战略管理、成本管理、经营分析与业绩评价、价值管理等方面，提供流程设计、数据治理、模型搭建、数据分析、可视化开发、管理报告等相关服务，专注数字技术、创新能力的培育，助力客户价值提升。

（二）数据分析步骤

1. **数据收集和整理**

财务共享服务机构在确定企业需求目标的基础上，对相关范围内所有结构化、半结构化和非结构化数据进行采集。在数据收集的基础上，从存储的数据中提取、筛选出有用的数据，并进行加工，即对数据进行增加、删除、修改等操作，为数据分析和模型建立奠定数据基础。

2. **数据分析**

按照企业提出的数据分析需求，确定分析指标，建立分析场景，开展数据采集与加工处理工作，使用相关分析、回归分析、曲线估计、对比分析等方法进行统计分析，挖掘数据价值，建立数据分析模型，并采取可视化的方式展示数据分析结果，为企业管理决策提供支持服务。

3. **数据展示**

结合企业的数据应用需求、对象、功能等，以报告或直观可视化的形式展示数据分析结果。报告展示将文字与图表相结合，反映数据分析结果，适应不同使用者直接或间接应用数据，助力使用者理性思考与决策。可视化展示通过图的形状、长度、颜色等直观展示数据的宏观特征、分布规律和相互关系，通过信息平台实现数据阶段性或实时的发布展示，展示结果应更利于使用者进行直觉判断和快速决策。

三、风险防控服务

财务共享服务机构作为会计核算中心、数据管理中心、流程优化中心、资金结算中心、税务处理中心、专家人才中心、社会知识中心，拥有海量数据，财务业务处理的种类全、流程管理水平高，熟悉信息系统及其相互关系，在资金、税务、流程、系统等方面具有提供风险防控服务的优势。

（一）风险识别

财务共享服务机构在业务处理、系统应用、流程执行过程中，应识别企业存在的税务、资金和会计核算的合规性等风险。

（二）风险分析

对识别出的风险，分析其成因和特征、发生的可能性、对目标的影响程度等，列出风险清单，进行风险评级，绘制风险矩阵，确定风险等级以及风险管理的优先顺序。

（三）风险防控报告提供

在风险识别和分析的基础上，向企业提供风险管理报告和管理建议，帮助企业或集团公司做好风险防控。风险管理报告主要包括企业风险清单、关键控制点以及控制措施等；管理建议主要包括制度修订建议、流程优化建议、系统维护升级建议、税收筹划建议等。

第六节　风险与应对措施

一、业务处理风险与应对措施

业务处理风险主要表现在业务提报、核算、审核和管理方面，影响着财务业务处理的质量和效率。其产生的主要原因是业务处理人员能力达不到岗位要求、责任心不够，企业与财务共享服务机构职责划分不清，等等。可采取的应对措施包括：严格规范业务提报；杜绝业务的线下审批，重视和加强反舞弊机制建设；厘清企业与财务共享服务机构的职责并优化业务流程，完善内控流程，监督交易事项会计核算信息的质量及业务流程的合规性；加强对员工的业务能力培训。

二、资金风险与应对措施

资金风险主要表现在所服务企业的资金结算业务方面。由于资金结算涉及的企业、银行系统、自建资金管理系统等较多环节，会存在付款信息错误、付款操作失误、付款专机异常、付款失败无反馈记录、UKey损坏或丢失等风险，造成付款不及时、重复付款、资金计划作废等问题。可采取的应对措施包括：严格审核付款信息，确保信息无误；慎重进行付款操作，减少操作失误；及时申请付款专机、UKey并加强维护保管，确保其正常运行。

三、信息系统风险与应对措施

信息系统风险主要表现在业务数据接收、分析、传递以及处理能力方面。处理能力不足可能导致数据的延迟、错误；信息网络的不稳定性和开放性，可能导致信息泄露、被篡改和病毒侵入的风险。可采取的应对措施包括：规范系统开发及优化管理，做实验测试，确保系统功能、性能、控制要求和安全性等方面符合开发需求；综合利用防火墙、路由器等网络设备，漏洞扫描、入侵检测等软件技术以及远程访问安全策略等手段，加强网络安全，防范来自网络的攻击和非法侵入；对通过网络传输的涉密或关键数据，采取加密措施，确保信息传递的保密性、准确性和完整性；加强信息安全宣传，提高员工信息安全意识。

四、劳动强度风险与应对措施

劳动强度风险主要表现在企业业务量大、分布不均衡等，导致员工因长期劳动强度过大影响身心健康，从而降低工作质量和效率。可采取的应对措施包括：加强与企业的沟通协调，规范业务提报的及时性，防止集中提报和不均衡提报情况的发生；利用RPA等信息技术手段，提高自动化业务处理能力。

五、会计档案管理风险（财务共享服务机构归档模式）与应对措施

会计档案管理风险在财务共享服务机构归档模式下，主要表现在档案签收、扫描、归档等方面，纸质单据在流转过程中存在延误、遗失、漏扫、串单等问题，造成纸质档案与电子影像件内容不一致，临时保管不当导致档案泄露、毁损、丢失，以及档案寄送回企业时存在损毁、遗失等风险。可采取的应对措施包括：确保档案业务全流程在监控下进行，增加档案管理系统中企业邮寄单据流转轨迹查询功能，建立紧急沟通协调机制和应急预案机制，保证纸质单据流转的高效性和安全性；建立健全扫描影像的增删、替换管理制度，完善档案业务操作规范，加强内部检查和质量考核，确保纸质档案与电子影像件内容一致；加强原始凭证在财务共享服务机构临时保管期间的借阅、查阅管理，制定必要的审批及核对流程，签订员工保密协议并严格执行，确保档案的安全完整；加强档案返回管理，与企业沟通确定安全的返回路径，确保档案被安全送回企业并接受确认。

第七节　发展阶段评价

财务共享服务发展阶段可以通过表4–3中的指标进行评价。建议按照不同国民经济行业，建立财务共享服务评价指标体系。

表 4–3　发展阶段评价参考指标

一级评价指标	二级评价指标	建设初期阶段	优化提升阶段	卓越运营阶段
1. 凭证集成率	企业业务集成率	小于5%	5%~60%	大于85%
	凭证自动化率	小于20%	20%~50%	大于80%
2. 凭证审核率	智能审核率	小于25%	25%~65%	大于85%
3. 资金收支	银企直联账户收款比率	小于40%	40%~80%	大于80%
	银企直联账户付款比率	小于40%	40%~80%	大于80%
4. 报表出具	报表出具自动化率	小于80%	80%~98%	100%
	报表出具时间	48小时内	24小时内	实时展示
5. 业务标准化	业务标准化率	小于70%	70%~90%	大于90%
6. 业务准确性	凭证冲销/调整率	5%~10%	2%~5%	小于2%
	报表一次性通过率	30%~40%	40%~50%	50%~60%
	原始单据签收准确率	95%~98%	98%~99%	100%
	影像扫描准确率	95%~98%	98%~99%	100%
	资金付款准确率	98%	99%	100%
7. 业务及时性	核算类服务申请处理及时率	90%~95%	95%~99%	100%
	主数据/结算规则维护/审核及时率	90%~95%	95%~99%	100%
	账期开/关及时率	90%~95%	95%~99%	100%
	报表提交及时率	90%~95%	95%~99%	100%

注：（1）企业业务集成率=共享集成凭证数量 ÷ 共享凭证总数量；

（2）凭证自动化率=1–共享手工凭证数量 ÷ 共享凭证总数量；

（3）智能审核率=共享人工智能审核凭证数量 ÷ 共享审核凭证总数量；

（4）银企直联账户收款比率=共享银企直联账户收款金额 ÷ 共享收款总金额；

（5）银企直联账户付款比率=共享银企直联账户付款金额 ÷ 共享付款总金额；

（6）业务标准化率=标准化的凭证和报表数量之和 ÷ 凭证和报表总数量；

（7）凭证冲销/调整率=冲销/调整凭证数量 ÷ 凭证总数量；

（8）报表一次性通过率=一次通过的报表数量 ÷ 报表总数量；

（9）原始单据签收准确率=准确签收的服务申请数量 ÷ 签收的服务申请总数量；

（10）影像扫描准确率=扫描准确的服务申请数量 ÷ 扫描的服务申请总数量；

（11）资金付款准确率=准确的资金付款金额 ÷ 资金付款总金额；

（12）核算类服务申请处理及时率=及时处理的核算类服务申请数 ÷ 核算类服务申请总数量；

（13）主数据/结算规则维护/审核及时率=及时处理的主数据/结算规则维护/审核申请数量 ÷ 主数据/结算规则维护/审核申请总数量；

（14）账期开/关及时率=及时处理的账期开/关服务申请数量 ÷ 账期开/关申请总数量；

（15）报表提交及时率=及时提交的报表数量 ÷ 提交的报表总数量。

第五章　财务共享服务运营管理

财务共享服务机构的运营及优化是一项长期、系统工程，需要从业务标准化、流程优化及再造、信息系统架构及规划、数字化变革等方面不断加强能力建设，使财务共享服务的管理活动更加规范有序，达到提高运营能力、实现组织价值最大化的目标，体现财务共享服务的核心价值。本章主要从财务共享服务的服务产品研发、组织绩效、客户关系维护、质量管控、风险防控等方面对财务共享服务运营管理规范进行阐述，旨在为有搭建财务共享服务运营管理体系需求的企业提供帮助。

第一节 服务型产品管理

一、服务型产品建设与运营的总体原则

服务型产品的建设与运营是服务型企业管理的核心，主要包括服务项目和服务提供系统的设计，服务运营活动的计划、组织与管理，服务营销与服务运营的集成，服务提供过程中对质量、成本、时间的控制，等等。财务共享服务机构应立足企业数字化管理、技术创新、管理创新，专注客户价值创造，坚持以客户需求为导向，持之以恒地开展服务产品的设计和技术开发，加大产品推广力度，持续优化产品运营，健全产品建设与运营管理体系。

（一）产品设计应坚持以客户为中心

服务的本质是为了满足客户的需求，因此在规划与设计中，需始终贯彻以客户为中心的思想。

（二）产品设计应由利益相关者共同参与

服务型产品因具有生产与消费的同时性特点，建议让服务的提供者和使用者，以及不同的利益相关者共同参与产品设计和创造，借助不同背景、不同职能的人不同维度的思考，制定出服务型产品的最佳设计方案。

（三）产品设计应与服务提供系统设计同时进行

服务提供系统是服务本身的一个组成部分（即服务的“环境”要素）。不同的服务提供系统会形成不同的服务特色，产生不同的服务产品，因此这二者的设计是不可分离的。

（四）产品设计应保证客户体验的整体性

为了使客户在享受服务的过程中得到更好的体验，服务型产品的设计需要由点及面地进行全局思考，从客户视角重新审视业务流程，整体考虑产品和客户的接触点，从全局把握细节，在为客户带来全方位体验的同时，向客户输出整体的企业形象。

（五）产品设计应由表及里逐步进行

为了在前台提供完整的客户体验，需要保证中台和后台的活动及业务流程的密切配合，并解决相关实施问题。中台和后台的活动及业务流程必须处理多个利益相关者“端到端”的体验，并且考虑组织适配、品牌宗旨以及技术的适当使用。

（六）产品运营需建立产品升级与淘汰机制

任何一个产品都有其固有的生命周期，包括初始积累期、收益爆发期、稳定运营期、衰退期。为更好地获得产品运营收益，延长产品稳定运营期限，应建立合

理的产品升级、淘汰机制，尊重产品的生命周期。

二、服务型产品需求分析与策划

基于客户需求、市场调研等情况，坚持“客户导向”总原则，充分了解客户需求，持续开展产品的迭代与新产品的设计。产品策划在产品设计过程中处于非常重要的前沿位置。只有对市场需求有足够的了解，并且具有准确的市场预见性，才能利用现有资源和开发工具，有效地实现策划目标。

（一）服务型产品需求分析

1. 服务市场细分

财务共享服务机构在实施服务产品设计和开发前，应对服务市场或对象进行细分，在此基础上选定目标市场，有针对性地根据客户需求开发产品。

2. 服务差异化分析

财务共享服务机构应调查和了解服务市场上现有的服务种类、竞争对手的劣势，充分利用自身优势，有针对性、创造性地开发服务项目，满足目标客户需求；应采取有别于他人的传递手段，迅速而有效地把服务输送给目标客户；应注意运用象征物或特殊符号、名称、标志来树立企业的独特形象。

（二）服务型产品策划

1. 服务的有形化

财务共享服务机构应借助服务过程中的各种有形要素，把无形的服务产品尽可能实体化、有形化，让客户感知到服务产品的存在，提升使用服务产品的体验。主要体现在：①服务产品的有形化。通过服务设施（如财务共享自助系统等硬件技术）来实现服务自动化和规范化，保证服务的前后一致和服务质量的始终如一；通过服务载体（如会计报表等媒介）区分服务质量，变无形服务为有形服务，增强客户对服务产品的感知能力。②服务环境的有形化。服务环境是企业提供服务和客户享受服务的具体场所，是服务产品存在的不可缺少的条件。③服务提供者的有形化。服务提供者是直接与客户接触的员工，其素质、性格、言行以及与客户接触的方式、方法、态度等，会直接影响到服务营销的结果。为了保证服务营销的有效性，财务共享服务机构应对员工进行服务标准化培训，了解所提供服务的内容和要求，掌握提供服务的必备技术和技巧，以保证提供的服务与客户的目标相一致。

2. 服务的标准化

财务共享服务机构的服务质量管理和标准化生产，需要一定的技术设施和技术条件，应尽可能把这部分技术性常规工作标准化，以有效促进服务质量提升。主要体现在：①从方便客户出发，改进设计质量，使服务程序合理化。②协商、签订财务共享服务机构与客户需共同遵守的，内容合理、职责清晰的服务水平协议，以规范客户接受服务的行为，使之与财务共享服务机构的服务生产规范相一致。③使用价格杠杆，对不同档次、不同类别的服务明码标价，满足不同层次的客户需求。同时，根据不同时期、不同状态下的客户需求，允许价格上下浮动，以保持供需平衡，稳定服务质量。④改善服务设施，美化服务环境，规范员工的言行举止，营造温馨和谐的服务环境和气氛，使服务生产和接受能够在轻松、愉快的环境中完成。

3. **服务产品的成本效益分析**

任何产品的开发与优化，除满足市场的需求外，均应将成本效益原则作为主要原则。效益预测应重点分析相应的产品迭代或新产品设计在未来能产生的效益。具体效益预测指标所需的假设值一般包括潜在客户数、使用频率、新客户数、产品技术开发及后期运营的资源需求（包括人力、软硬件等支出）。

三、产品设计与可研分析及开发

（一）服务型产品设计与可研分析基本流程

服务型产品设计应着眼于市场与客户的需求进行可行性论证。可行性论证是产品设计的必要环节，应立足于产品规划与定位、市场调研、客户需求、营销策略、市场竞争、成本需求、市场定价、功能需求等核心内容开展，如图5-1所示。

（二）服务型产品的开发

财务共享服务机构的产品以服务型产品为主，以辅助型实物类产品、软件类产品为辅，为客户提供完善的财务共享服务。因此，对于此类产品的开发，要兼顾服务与实物/软件产品的特征。

1. **产品开发流程**

（1）服务流程设计及系统开发、评估

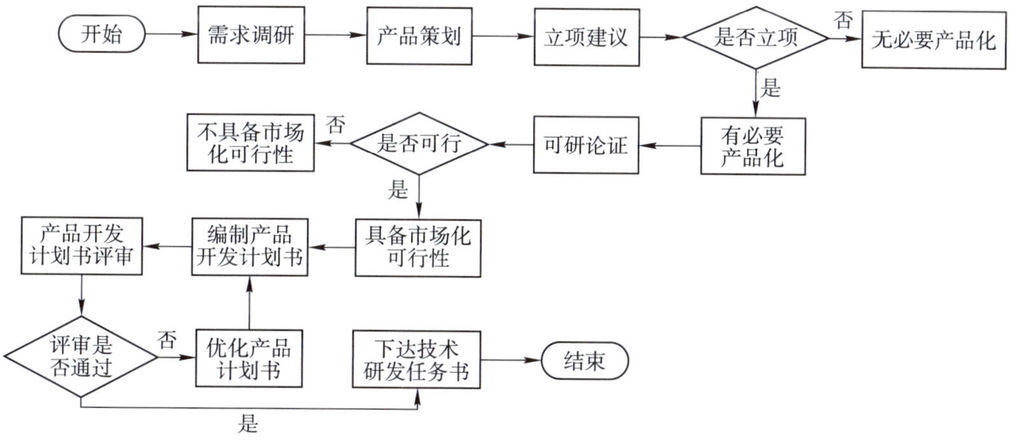

图 5-1　产品可研分析流程

完成对服务主体的设计后，财务共享服务机构应对服务的整体流程进行设计，同时由研发部门完成对辅助型实物类产品和软件类产品的开发。开发完成后要对流程和系统进行初步的评估验收，以确保设计符合服务的整体理念。

（2）人员培训

服务型产品和实物类产品最大的区别之一在于其没有实体。客户通过员工的服务来感受产品，员工的服务质量就显得尤为重要。要做好员工培训，使所有员工熟悉服务产品的性能和经营细节，确保服务产品的成功运营。

（3）服务检验和小规模试运行

服务生产和消费的不可分离性决定了服务产品不能像实物产品一样，在与企业相隔离的市场上进行试销等测试活动。应采取为预期客户样本提供新服务的方式，观察他们在不同条件下对新服务的反应。通过这一步骤，财务共享服务机构能初步了解新服务投放市场后可能遇到的情况，并对开发过程进行改进。

2. **知识产权登记与申报**

财务共享服务机构应对研发部门开发的实物类产品和软件类产品进行专利申报，使其获得专利权，得到有效保护。

在对于服务流程的保护，财务共享服务机构可在服务流程上线完善后将其成书出版，一方面可作为内部的指导性文件，另一方面可运用著作权保护开发的新服务产品。

新服务上线并推向市场后，会形成品牌效应，财务共享服务机构应注重商标权的保护，保证商标不被其他企业冒用，避免产生不利影响。

四、服务型产品的运营与升级

产品运营的核心工作主要包括建立产品（服务）标准、产品培训、服务平台运营、问题处理、优化升级。产品在市场上获得认可后，随着时间的推移，用户的需求会不断升级，品牌方就需要不断迭代出新产品以满足用户的新需求。

（一）产品运营与管理

基于产品运营的合理性，业务运营部门的设置原则上应与产品对应，明确职责、权利与义务，确保业务流程的正常运行，保证企业端与共享端的正常交互运转以及企业内部业务流转的优化。

1. **建立产品（服务）标准**

产品标准实际上就是最低的可接受标准，也是财务共享服务机构要保证的最低服务水平，这一标准是财务共享服务机构和客户共同构思协商的结果。建立产品标准的目的是实现产品运营的标准化管理，通过为财务共享服务机构的业务活动制定共同认可的规则，使各项工作达到规范化、科学化、程序化。

2. **产品培训**

为了保证员工在产品上线以后了解工作标准，拥有相应岗位要求的专业知识、技能、态度以及解决问题的能力，实现专业化分工，保证服务水平的持续和稳定，财务共享服务机构需要在产品上线前对员工做好产品培训。

3. **上线试运行**

通过一段时间的试运行，可以充分发现产品运营过程中的问题和不足，并提出优化改进措施，为共享服务产品正式运营提供稳定的质量保证。上线试运行工作主要包括：制定试运行方案，明确试点时间、业务范围、单位、参与人员、试点工作计划和内容、相关业务部门的试点分工和沟通机制；跟踪与解决上线问题，通过编制《试运行问题跟踪表》及时捕捉流程运行中发生的问题、使用者反馈意见，并针对性地制定解决方案，持续跟进问题的处理动态。

4. **产品推广**

通过财务共享服务机构内部推广、外部市场信息发布、资源合作等方式实现产品推广。

5. **服务平台运营**

财务共享服务机构应建立完善的沟通协调机制，搭建高效的服务运营管理体系，保证运营流程的正常运转与持续优化；应对平台运营数据进行挖掘和分析，及时发现问题，制定可行的优化解决方案，推动业务迭代发展。

6. **问题解决**

主要有如下几类问题：①生产类问题。可以从问题复现、分类、协调处理三方面搭建问题处理流程。②操作类问题。一般会在产品上线前的一周内集中爆发。这类问题要逐一登记，并对重复出现的问题做重点解答。③运营管理类问题。主要是客户的内部管理问题。对于这类问题，财务共享服务机构可干预的空间不大，但可以积极进行沟通协调，促进问题的解决。

（二）产品升级与优化

服务型产品在生命周期内采取的产品策略、产品形态、产品目标是有变化的，要根据产品所处生命阶段、迭代目标进行产品优化工作。

1. **数据收集分析阶段**

全面收集、分析产品数据，明确产品中存在的问题，避免优化的盲目性；明确产品优化的目标，制定产品优化方案，避免优化方向的偏离和优化细节的缺失，提高产品优化效率。

2. **产品评估阶段**

为了制订适合当前产品的优化迭代计划，需要对产品的核心功能需求以及产品生命周期进行客观的评估。

3. **问题分析阶段**

只有明确产品中存在的具体问题及其

产生原因，产品优化工作才能有的放矢。通过数据分析或用户反馈、市场调研等途径，还可以挖掘用户新需求，进而完善产品的服务功能。

4. **产品优化阶段**

产品优化最根本的目的是通过提升产品体验达到既定的产品目标，从而实现商业目标。产品优化应明确优化目标，并在制定优化方案和推动优化方案落实的过程中，时刻牢记这个目标，引导团队完成产品的优化升级。

第二节　组织和绩效管理

一、管控模式与组织架构

在选择财务共享服务模式时，应关注实施企业目前所处阶段及集团管控状况。要选择有利于企业发展目标的模式，并考虑企业整体的环境制约因素。

（一）管控模式

1. **分散式管控模式**

该模式主要是建立多个服务于不同事业部、子集团的财务共享服务机构，每个机构相互独立，可基于各自特点设置不同的治理架构。

2. **集中化管控模式**

该模式实行集中管理，规模经济效益明显，但是对系统支持、人才技能等的要求较高。完善的企业信息化体系是支撑管控型财务共享服务机构发挥价值的基础，是实现管控和业务、财务一体化的保障，可以使企业的管理活动向业务活动全方位渗透。

3. **虚拟架构管控模式**

该模式主要是两个以上的独立实体，为迅速向市场提供产品或服务，在一定时间内结成动态联盟的模式。它不具有法人资格，也没有固定的组织层次和内部命令系统，是一种开放的组织结构，因此可以在拥有充分信息的条件下，从众多组织中通过竞争招标或自由选择等方式精选出合作伙伴，迅速形成各专业领域中的独特优势，实现对外部资源的整合利用，从而以强大的结构成本优势和机动性，来完成单个企业难以承担的市场功能。如财务共享与“互联网+”下的众包模式。

（二）内部运营结构

在不同的管控模式下，财务共享服务机构的内部运营结构也有所不同。内部运营结构可细分为独立项目制、部门制以及项目与部门结合的制度。

1. **独立项目制**

在管理过程中采用管理项目的方式去管理企业及其相关部门，在内容上强调管理项目的范围、实效、成本以及管理的最终质量。

管理过程分为项目前期策划、风险分

析、源头设计、实施控制、技术状态管控和验收验证六个环节。项目前期策划是对项目的目标、路径等进行研究分析。风险分析是对项目可能存在的风险进行分析。源头设计是对项目的各项前期准备工作进行设计。实施控制是对项目实施过程中的各项事务进行管理控制。技术状态管控是对项目的各项技术基础进行管控。验收验证是对管理最终质量进行把控。

2. **部门制**

财务共享服务机构根据业务的不同需求划分部门，进行管理，特点为职能分工清晰、便于管理。部门制可细分为地区部门化、职能部门化、过程部门化等。

地区部门化根据地理因素来设立管理部门，将经营业务和职责划分给不同区域的部门经理。这种方法较多用于地理位置比较分散的组织，特别适用于规模大的公司，尤其是跨国公司。

职能部门化以组织的职能为基础进行部门划分，把具有相同职能的工作岗位放在同一个部门。

过程部门化，又称流程部门化，是指组织按生产过程、工艺流程来划分部门。财务共享服务机构过程部门化可按照服务实施流程等进行。

3. **项目与部门结合的制度**

财务共享服务机构在内部划分各个部门，但依据独立项目制管理模式进行管控。一方面，部门内部设定独特的项目管控模式；另一方面，各个部门协同作业，共同完成中心整体项目。

（三）整体组织架构

不同的管控模式决定了其组织管理架构的差异。目前主要的组织架构可分为三种：全球中心架构、区域中心架构、专长中心架构。

1. **全球中心架构**

主要是将企业全球范围内的某些业务流程集中到一个全球性财务共享服务机构进行处理，服务于全集团的各业务单位，通过业务流程重组和标准化，为企业提供低成本的服务。该架构在实际操作中难度较大，对信息系统、人员技能等的要求更高，因为集中式财务共享服务机构要同时遵守不同国家和地区法律法规的要求，面对语言差异、文化差异、时差等开展业务。

2. **区域中心架构**

主要是将全球业务划分为若干个大区，然后将财务、人力资源、人事信息等业务流程中的某些流程集中到所在区域的财务共享服务机构处理。该架构在一定程度上降低了对信息系统、人员技能的要求，管理难度相对较小，但是也降低了全集团整体的标准化程度。

3. **专长中心架构**

主要是基于业务流程，进行集中处理的架构，强调专业运营和集中。专长中心架构区别于全球中心架构与区域中心架构的主要特点是以某类业务流程为划分标准。该架构保证了全球范围内各类业务标准的统一，有利于培养业务专家，业务相对单一，管理难度相对较小，但也不可避免地面临全球税务和法律制度差异的挑战。

二、基于流程的岗位设计

财务共享服务机构内部运营组织与岗位设计主要基于流程，以“端到端”的视角进行，打破部门壁垒，确保内部各业务链条实现流程、职责和技术的协调一致。在岗位设置与员工人数等方面则需要基于业务流程的专业化分工以及业务的难易程度等因素，综合进行考虑。

（一）销售至收款流程

销售至收款业务应实现从客户资料建立至客户收款的全流程“端到端”优化。主要职能包括客户主数据维护、记录销售、归集收款、跟进应收账款、处理账单争议、管理逾期账款等。主要岗位设计包括主数据管理岗、客户关系协调岗、应收账款会计岗等。

（二）采购至付款流程

采购至付款业务应通过授权采购、职能调整等方式，建立供应商采购平台，实现“端到端”流程优化。主要职能包括集中采购平台维护、货物与服务需求识别、采购计划和预算拟定、采购流程业务服务、供应商主数据维护、采购记录、发票管理系统运维、发票认证、供应商挂账和清账、资金支付核算等。主要岗位设计包括采购服务岗、主数据管理岗、供应商关系协调岗、应付账款会计岗等。

（三）费用报销流程

费用报销业务应通过建立员工报销平台，实现员工费用报销“端到端”流程优化。主要职能包括员工主数据维护、财务审核、财务记账与复核、对私资金支付等。主要岗位设计包括主数据管理岗、员工关系协调岗、费用报销会计岗等。

（四）账务至报表流程

账务至报表业务应通过提升企业报表业务生成效率和报表数据准确性，实现“端到端”流程优化。主要职能包括资产主数据维护、人工成本核算、税务成本核算、成本结转、总账报表等。主要岗位设计包括主数据管理岗、客户关系协调岗、资产会计岗、成本会计岗、总账会计岗等。

（五）资金结算流程

资金结算业务应通过建立资金结算平台完成资金结算、资金对账等业务，实现“端到端”流程优化。主要职能包括银行主数据维护、资金收付款结算、付款审核、资金对账等。主要岗位设计包括主数据管理岗、客户关系协调岗、资金审核岗、资金导出岗、资金对账岗等。

三、人员构成、配备测算与专业能力建设

基于财务共享服务业务内容、业务流程与岗位职责，组织不同专业的人员共同完成运营服务的组织建设工作。人员的配备测算方法主要有基于岗位职责和业务性质的经验分析、基于劳动定额标准的配备测算、与其他财务共享服务机构对标以及基于人力成本预算控制等方法。

（一）人员构成

实施财务共享服务的运营团队需要融合各方面的资源，才能有效保障项目的成功。具体包括运营经理、实施专家、业务服务人员以及IT保障人员等。不同类型的人员互相配合，发挥协同作用，从而确保服务运营的成功实施。

运营经理负责对运营服务实施全过程进行全面管理，严格履行与客户单位签订的合同并进行阶段性目标控制，确保工作目标的实现。

实施专家以整个运营流程为核心，负责相关设计和推动，是运营团队的核心。实施专家具有丰富的项目运营实践经验，能够加速项目的推进，并有效防范项目风险。

业务服务人员是推进业务流程实施落地的关键，也是具体业务的操作者，需要具备熟练的业务操作能力。此类人员可以由财务共享服务机构业务人员与客户业务人员共同构成，也可由财务共享服务机构业务人员单独构成。

在财务共享服务实施过程中，信息系统的建设和优化是重要一环。IT保障人员应与系统供应商一同完成相关系统的开发工作，在项目中培养自身的运维能力，以保障后续的日常维护。

（二）配备测算

财务共享服务机构各业务单位需要考虑不同岗位的特点，有针对性地对人员配备进行分析和测算。

1. **经验分析法**

基于业务性质，并结合现有管理人员及业务人员的经验，对人员配备进行分析评估，最终确定人员编制数量。此方法适用于难以进行精确数据测试，且难以取得同口径对标数据的项目。

2. **定额测算法**

用实测的方法确定一类标杆业务的业务处理定额工时，用多人评估并取平均值的方法确定其他业务与标杆业务定额工时的关系。在确定业务量和工作效率的基础上，确定人员编制。此方法适用于能取得可靠业务量数据，并能够对单笔业务所用时间进行测量的项目。

3. **对标评测法**

对于无法进行数据测算的业务，优先考虑选取相同或相近口径的其他单位的业

务进行对标，并在此基础上进行估测。此方法与定额测算法相比虽不够精确，但仍具有较高的参考价值。

4. **预算控制定编法**

财务管控型企业最常使用定编法，通过人力成本预算的金额或比例控制在岗人数，而不对某一部门或某一岗位的具体人数做硬性规定。部门负责人对本部门的业务目标、岗位设置和员工人数负责，在获得批准的预算范围内，自行决定各岗位的具体人数。

（三）专业能力建设

财务共享服务机构致力于通过培养专家型、研究型、实战型、管理型人才，全面支撑业务运营质量和水平。专业能力建设是系统化制度安排，包括知识结构与能力框架、人才培养与评价体系等。

1. **专业能力建设模式**

（1）知识结构与能力框架

共享模式下，将员工能力按照需要分为核心能力、通用能力和专业能力。

（2）人才培养与评价体系

按照知识结构与能力框架，研究制定共享人才培养与评价体系，满足共享发展的总体要求，服务于转型、能力培养需求。人才培养与评价体系以基础性标准化业务为重点，突出岗位技能，适当考虑管理内容，培养、评价各类主体所需的共享业务人才。

2. **专业能力建设内容**

（1）培养专家型、研究型人才

针对专家选聘的指标体系，落实指标评价管理，培养专业能力强、具有项目运作能力、具有创新意识和宣讲能力的专家。

（2）培养实战型人才

通过完善内部、外部交流机制，探索实战型人才培养模式，建立分析能力、实战能力俱佳的人才队伍。针对经验盲区和能力弱项，推动部门与部门之间、共享与企业之间的双向交流，促进管理模式和先进经验的相互融合。

（3）培养管理型人才

通过理论培训、实践锻炼和考核管理，加强对中层干部和基层管理人员的培养力度，提高其执行能力、沟通能力、领导能力，培养造就政治素质硬、业务水平高、奉献精神足、工作能力强的管理干部人才。

（4）培养海外业务人才

按照海外共享服务建设的工作要求，优选业务骨干进行语言、国际化经营、境外企业专业知识等的强化培训。通过集中培训和海外派驻等方式，逐步培养具有国际视野、熟知海外业务政策和国际化项目运营的优秀人才。

（5）领军人才专业能力建设

从专家型、研究型、实战型人才中挑

选部分优秀人才进入共享领军人才库，分步培养学员专业能力、经营管理能力、战略思维能力、国际化视野，打造一支高素质、复合型、国际化、管理型的领军人才团队。

四、绩效管理

绩效管理是用于监控和管理组织绩效的方法、准则、过程和系统的整体组合，涉及组织管理和运营的方方面面，并以整体一致的形式表现出来。绩效管理强调组织目标和个人目标的一致性，强调组织和个人同步成长，形成“多赢”局面。为实现财务共享服务机构服务规范化、运营高效化，应制定重能力、重实绩、重贡献的绩效分配机制，并结合实际设计相应的绩效管理办法。

（一）运营绩效管理相关理论与方法

1. 平衡计分卡（BSC）法

平衡计分卡提供了一个综合的业绩评价框架，将企业的战略目标转化为一套条理分明的业绩评价体系。具体维度和指标包括：①财务管理类指标。财务共享服务机构的营业收入增长率、新增客户收入占总收入的比重、员工平均营运成本、平均营运收入、工时效率指数、成本费用利润率等。②客户服务类指标。财务共享服务机构的客户满意度、客户沟通、客户体验管理能力、服务水平协议达成度等。③营运类指标。财务共享服务机构的业务数量、每个员工的业务数量、及时率、准确率、周期改进、流程执行力等。④学习创新类指标。员工创新观点数量、创新观点实施比例、人均培训学时等。

2. 关键绩效指标（KPI）法

关键绩效指标法是绩效考核中常用的一种方法，是将绩效的考核评估划分为几个关键指标，通过对关键指标的考评和测量得出员工绩效成绩的一种方法。重点如下：

一是合理设置关键绩效参数。实施关键绩效指标法最重要的就是合理设置关键绩效参数。参数的设置一般从绩效考核的初始端口开始，在绩效考核的输出端口结束，在两个节点之间对企业战略层面的绩效目标进行分解，使绩效考核落实到具体的可操作层面。

二是指标设置。财务共享服务机构主要对服务质量、运营、客户服务和其他专项进行指标设置。

3. 目标与关键结果（OKR）法

目标与关键结果法是一套明确和跟踪目标及其完成情况的管理工具和方法。主要目标是明确公司和团队的目标，并明确每个目标要达成的可衡量的关键结果。重点如下：

一是建立透明的目标管控体系。通过将每个员工的目标与团队、企业的目标相连接，让员工体悟到自己的工作给企业整体目标带来的贡献，激发员工的创新力和参与激情。

二是定性目标与定量目标相结合。通过定性和定量紧密结合、目标和结果紧密融合，通过目标的可视化、结果的可追踪，帮助企业有效提升执行力。

三是协调长期目标与短期目标关系。重视长期目标的实现，鼓励员工在制定目标时尽量向前看。唯有着眼于未来，才能聚焦工作重点。

4. 目标管理考核（MBO）法

目标管理考核法是按一定的指标或评价标准来衡量员工完成既定目标和执行工作标准的情况，并根据衡量结果给予相应的奖励。它是在整个组织实行目标管理制度的背景下，对员工进行考核的方法。重点如下：

一是确定目标评估周期。目标评估既要及时有效地反映目标完成情况，又要科学合理地反映目标执行人的绩效。按周期不同，可将目标评估分为日常评估、定期评估、总评估。

二是考核实施流程。包括建立工作目标计划表、明确业绩衡量标准、实施业绩评价和检查调整。

三是考核实施注意事项。包括执行与修正目标、追踪目标和提高目标评估有效性的措施。

（二）运营绩效管理方法应用

1. 财务共享服务机构筹建阶段

以建立财务共享服务体系为重点，采用目标管理考核法，达到财务共享业务全线贯通的目的。

2. 财务共享服务机构推广阶段

以提升业务实现效率为重点，采用目标管理考核法与关键绩效指标法相结合的方法，量化管理业务效率与质量。

3. 财务共享服务机构成熟阶段

以提升组织效率、强化管控为重点，采用平衡计分卡法分解组织目标，并引入目标与关键结果法来监督和引导组织目标的达成。

第三节　服务与客户管理

一、服务管理

服务管理是管理财务共享服务机构员工对外服务效果、服务能力、服务时效、服务态度等的过程。有效的服务水平以及对服务提供方与接受方适当的关系管理，在持续提高服务质量与客户满意度方面均具有重要意义。

（一）服务水平协议管理

服务水平协议是服务供应商与客户双方就可接受的最低服务水平、服务范围等进行多次商讨、谈判达成的协议，属于法律文件范畴，需得到双方的共同遵守。

1. **服务水平协议的内容**

服务水平协议是财务共享服务机构与客户双方履行责任和义务的依据。内容主要包括服务范围、服务方式、服务质量承诺、企业职责、服务流程、问题解决流程、合同期限等。同时，通过技术附件，细化各服务目录和业务场景下的双方职责、记账要素、附件、业务协同交互要求等。

2. **服务水平协议的签订**

财务共享服务机构与客户签订服务水平协议是服务管理的重要组成部分。主要流程如下：

第一步，需求甄别。通过领导访谈、制度与报表调阅、经授权的账务查阅等方式，开展项目尽职调查、客户需求对接，确定建立合作关系的方式。

第二步，职责与实施路径确定。与客户明确不同业务场景下的双方职责，确定信息化系统实现方式、业务操作流程等业务上线实施路径与方案。

第三步，谈判与合同签署。与客户沟通服务水平协议的内容，包括服务项目、服务标准、约束条款与例外事项的解决方案等；协议谈判结束后，约定相关的合同签署、业务迁移时点等事宜。

第四步，服务水平协议的定期回顾。在服务期限内定期开展必要的回顾，确保服务提供者达到客户要求的服务水平；或者经双方进一步沟通，对部分服务水平指标进行调整。

（二）收费管理

1. **收费原则**

收费标准主要根据流程的复杂程度、流程的重要程度及流程操作的工作量制定。随着流程的变化，需要每年对其进行重新审视、重新评估。财务共享服务机构收费原则针对内部、外部企业分别设置。对内部企业，一般以免费或成本加成的形式收取固定费用。免费性质的财务共享服务机构以内部职能中心的组织形式存在；以成本加成模式收费的财务共享服务机构以独立法人的形式存在。对外部企业，收费模式与市场上现代服务业收费模式保持一致。

2. **收费方案**

（1）针对不同的阶段采取不同的收费模式

在财务共享服务机构独立成立之前，由依托的企业负责机构的成本，因此不对服务进行收费。机构预算单独申报、审批，机构成本单独列支、考核。这种模式有助于机构建设初期的稳定运营，以及初期阶段与企业的协调配合。

在财务共享服务机构独立成立初期，按成本分摊方式收费。系统可以将机构总成本作为收费基数，按照为各服务对象提供服务的工作量进行分摊。

在财务共享服务机构独立运营成熟阶段，按业务量，即收费项目单价乘以实际工作量的方式收费，完全按照市场化原则，开发机构收费表维护功能。

（2）针对不同的服务采取不同的收费模式

一是业务运营收费。一般主要基于与客户确定的全职用工当量（FTE）或者根据服务提供商设定的人×天数收费标准，按照共享运营优化后实际测得的人×天数测定。在标准收费的基础上，结合客户的例外约定事项进行合理的调整。

二是信息系统使用费。在定价时应考虑市场因素、服务价值、决策方式、信息对称性等。原则上基于机构产品或平台收取使用费，收费标准原则上包含系统折旧分摊、运维费用等，可参照市场上软件服务企业标准按客户数进行收取。

三是咨询服务收费。原则上参照市场上管理咨询类公司的普遍做法，按照测定的项目包干价或提供服务的人×天数计算。

（三）成熟度评价

财务共享服务机构成立后，针对已开展的财务共享服务，原则上应从服务管理水平、流程成熟度、组织水平、合法合规水平、信息技术水平等五个维度定期进行系统性的成熟度分析和评价。应定期开展与整体运营管理相关的成熟度评价，并与行业优秀标杆进行对比，确定当前财务共享服务的发展水平。

1. **成熟度评价内容**

一是服务管理成熟度。制定业务认可的服务标准，基于不同阶段选取适用的成本分摊或计费机制。

二是流程管理成熟度。通过从业务前端到财务共享服务机构的流程梳理，明确财务共享服务机构各业务部门的职责切分，提出冗余环节的优化建议，对系统固化的关键控制点提出更新改造方案；确保通用流程在全集团的统一，同时保持对新业务的整合能力。

三是组织成熟度。明确财务共享服务机构的岗位设置、岗位职责与绩效指标；明确财务共享服务机构的管理模式及汇报关系；考虑人员迁移的可行性，提出试点人员的测算和配置方案；推动人员的价值转型及能力建设，深入推进全方位变革。

四是合法合规成熟度。明确法律法规要求对集团财务共享服务机构运营模式的影响；考虑被服务单位地方的法律法规要求对财务共享服务机构服务提供形式、内容的影响。

五是信息技术成熟度。提出财务共享服务模式对软件、硬件的需求，既考虑共性系统，又考虑新业务的个性化需求；充分考虑各阶段系统建设的进展，做好不同阶段与系统实施项目的协同。

2. **成熟度评价方法**

一是专家评估法。组织专家运用专业知识和经验，通过直观的调查、归纳，对评价对象过去和现在的状况、发展变化过程进行综合分析和研究，对评价对象实际状况进行判断。

二是现场检查法。监管人员直接深入具体业务，通过核实和清查非现场监管中发现的问题和疑点，全面深入了解和判断业务运营现状。

三是系统取数法。从系统中提取明细数据或明确的指标变量，对数据进行加工处理或对指标变量进行计算，得到指标分析结果，以此对成熟度进行评价。

四是调查问卷法。以问题的形式系统记载调查内容，获取调查结果，对调查结果加以整理汇总，以评估管理成熟度。

二、客户管理

客户管理体现了以客户满意为导向的价值观，整合了服务管理的各种预设要素，对增强客户黏性起着重要作用。

（一）客户关系管理

财务共享服务机构应建立良好的沟通机制，以线上或线下的方式维护客户关系，包括但不限于客户问题管理、客户走访、客户座谈、客户满意度调查。

1. **职责分工**

财务共享服务机构总部负责客户关系的管理，分部负责客户日常事务的管理。

2. **客户需求采集与回复**

财务共享服务机构客户经理通过访谈或信息调研等方式定期与客户进行沟通，对客户需求进行分析，充分了解客户期望，确认问题具体内容，分发给相关岗位或部门进行研究讨论，及时将问题解决方案以邮件的方式回复给客户，直至问题得到圆满解决。

3. **客户投诉与问题管理**

客户投诉管理应从接收客户投诉意见开始，记录、跟进整个过程。通过设立电话专线或建立客户管理平台受理客户对业务处理、服务质量的投诉意见。客户管理平台可以从职责、制度、流程、工具、表单和方案六个维度进行设计。客户投诉处理流程包括倾听认知、同步引导、澄清陈述、沟通协调、问题解决、表达感谢、电话回访、总结分析、培训改进。应在规定期限内尽快完成对客户投诉内容的有效处理。

（二）客户体验管理

1. **公共邮箱、在线咨询平台**

建立公共邮箱、在线咨询平台，以便客户进行财务信息查询及财务业务处理，由专人负责邮件的回复与跟进。

2. **呼叫中心**

建立电话专线，以便客户进行财务信息查询及财务业务处理，由专人负责来电接听、问题回复及业务处理。

3. **满意度调查**

定期开展服务对象满意度调查，统计分析客户对服务的满意度，收集客户意见建议，以利于财务共享服务机构持续改进。

（三）客户满意度管理

客户满意度管理是以“客户满意”为中心，统筹组织和运作资源，依靠信息技术，借助客户满意度测量分析与评价工具，提升核心竞争力的一种集成化管理模式。具体内容如下：财务共享服务机构的客户经理负责客户满意度调查的组织、结果汇总、分析处理及上报；制定客户满意度指标（很满意、满意、基本满意、不满意、很不满意），并将其纳入各部门绩效管理体系；针对客户“不满意”和“很不满意”之处，确定责任人；指标责任人组织制定纠正措施并验证，各部门实施纠正措施。

调查方式分为常规调查和特殊调查。常规调查每季度或每半年组织一次，特殊调查根据需要不定期安排。调研可采用《客户满意度调查问卷》，以信函或其他形式进行。调研的范围主要包括业务处理水平、工作效率、服务态度等。

1. **推行客户满意度管理的系统化**

通过CRM系统，依靠信息技术，借助客户满意度测量分析与评价工具，实现客户的信息化管理，并不断改进和创新；以全面、高效的客户管理方案，与客户建立稳定有效的合作关系，提高客户管理效益，增强竞争力。

2. **引导员工树立“以客户为中心”的服务理念**

细分客户市场，明确服务重点。根据客户经营业务特点与对该类型服务的需求频率，把整个客户市场划分为若干个“客户群”，针对不同的“客户群”进行相应的服务流程优化。

及时了解客户需求，不断创新产品和服务，适时满足客户合理的需求。

注重服务理念的灌输与培养。把“以市场为导向，以客户为中心”的服务理念根植到员工心中，努力培养具有服务意识的员工队伍。

3. **加强与客户的沟通**

加强对客户的回访工作。当客户提出需求时，在第一时间给予客户明确的答复，并兑现对客户的承诺，提高客户信任度、满意度。

在服务过程中出现特别重大的质量问题时，财务共享服务机构相关业务部门要及时出具问题解决方案，与客户进行沟通反馈，说明问题出现的原因、解决方案、预计解决时间等，做好解释与客户关系维护工作，争取取得客户的谅解与支持。

第四节 质量管理

一、质量管理概述

（一）质量管理的概念

质量管理是指确定质量方针、目标和职责，并通过质量体系中的质量策划、控制、保证和改进来使其实现的全部活动。

（二）全面质量管理体系

财务共享服务机构作为运营实体，通过对外部输入的业务进行处理形成服务产品。在这种基于业务处理的运营模式下，必须通过加强质量管理来保障产品输出过程的完整可靠。财务共享服务机构的全面质量管理体系可以基于PDCA循环来建立。

1. **标准建立**

在此阶段，财务共享服务机构需进行必要的市场调研、业务研究、服务产品设计等准备工作，了解客户对产品质量的要求，确定质量目标、质量计划、质量标准和服务执行方案。质量标准是指对业务处理流程、交付物质量所做的技术规定。

2. **过程控制**

在此阶段，首先要识别财务共享服务业务流程之间的相互关系、相互作用，对整体过程进行分析，识别各工作流程潜在的风险点，设立控制目标，针对风险点实施控制活动；其次通过建立业务过程反馈控制系统，使每一个业务过程的运行均处于可控状态，即可依据反馈信息，及时解决运行中出现的问题；最后对各业务过程的运行进行整体协调，当业务过程运行状态与质量计划偏离时及时进行调整。

3. **质量检查**

在此阶段，财务共享服务机构需要同时建立服务质量检查机制和质量问题的处理反馈机制，通过质量指标分析、客户反馈、总部通报以及日常工作等各渠道收集和整理服务过程中的各类质量问题。

4. **持续改进**

在此阶段，主要是通过测量财务共享服务质量与服务水平协议的差距、与业界标杆进行对比，发现问题，总结经验，持续改进财务共享服务机构的工作流程。

二、质量管理方法

质量管理方法是质量管理体系的重要组成部分，也是达成质量目标的重要手段。高标准的服务质量是财务共享服务机构的运营目标。财务共享服务机构应在日常运营管理中学习利用适合自身业务流程的质量管理方法，控制风险，减少差错，持续提升服务质量。

（一）基于 PDCA 循环的全面质量管理体系

PDCA循环阐释了质量管理的体系，PDCA循环法也是质量管理可采用的一套方法。财务共享服务机构可基于PDCA循环“四阶段，八步骤”的原理，结合行业或企业特点，灵活设置相关的质量评价指标。

（二）六西格玛在财务共享服务机构的应用

在六西格玛的具体应用中，DMAIC方法适用于服务性业务流程的质量管理。具体内容见本书第二章第一节“七、业务流程设计”中“基于六西格玛的流程优化”。

（三）内部控制与稽核

内部控制与稽核是质量管理体系的重要组成部分。财务共享服务机构应在日常运营管理中建立内部控制标准及服务质量稽核机制，规范日常工作，减少差错与遗漏，保证服务质量满足客户要求。

1. **内部控制**

主要包括控制目标、流程风险识别、控制活动、控制类型、控制方式、控制频率。控制目标是指明确每项控制流程需要达到的目的，包括合法合规、资产安全、信息真实完整等。流程风险识别是指识别各流程潜在的风险点，包括资金支付风险、会计报告披露风险等。控制活动包括不兼容职务分离控制、授权审批控制等。控制类型分为预防型和检查型。控制方式分为线上控制和线下控制。控制频率包括业务发生时点、日、周、月、季、年等。

2. **内部稽核**

内部稽核主要是对内部控制制度的充分性和有效性进行检查、监督和评价。具体内容包括：建立质量稽核和控制体系，对财务共享服务机构的业务和服务进行实时稽核监督，规范财务核算、资金结算等制度的执行。建立质量稽核管理的专门部门或岗位，设置质量稽核的管理办法和流程，定期检查和评估质量稽核情况。

稽核方法包括全面稽核和专项稽核。全面稽核是对业务进行事前、事中和事后全过程的稽核，内容应涵盖所有财务共享服务业务流程及各个操作环节。专项稽核是根据特定的目的和要求，在一定范围和时间内对财务共享服务业务特定事项进行的稽核。

三、质量管理评价指标

财务共享服务机构应定期结合国内外同行业对标数据、往期数据、集团对机构服务水平的有关要求等，会同各业务部门确定当年服务水平协议中各项服务指标的承诺值；依据服务指标承诺值，结合公司当年的服务运营目标，对各项指标分单位、分线条进行分解，确定各项指标的目标值和权重。主要包括服务质量指标、业务处理量指标、业务处理跟踪指标等。

（一）服务质量指标

根据机构服务质量管理的相关要求，在服务水平协议质量承诺指标的基础上进行细化分解，从准确性、及时性、客户满意度三个维度，设置通用指标和专业指标。准确性是对财务共享服务业务处理质量的评价，要求操作正确合规且数据准确；及时性是对财务共享服务交付效率的评价，要求在约定时间内为客户提供快捷、有效的服务；客户满意度是对财务共享服务满足客户需求与期望的程度的评价。

（二）业务处理量指标

结合财务共享服务业务内容，设置当月业务处理以及当年累计业务完成量的指标。侧重对服务完成量进行分析评价和监控，包括本月/自然年单据总量、本月/自然年企业协同量、本月/自然年会计核算业务单据总量等。

（三）业务处理跟踪指标

根据业务处理的各流程节点，设置业务处理跟踪指标，通过各部门的电子屏进行滚动展示，实时反映各业务节点当前的待处理业务量，帮助各业务部门及时掌握当前的业务处理情况，督促各部门合理安排内部资源，防止出现压单情况，提高各部门业务处理时效和服务运营效率。

第五节　风险与合规管理

一、风险管理

（一）风险管理基本流程

1. 收集风险管理初始信息

财务共享服务机构应当广泛、持续地收集与本机构风险和风险管理相关的内外部初始信息，包括历史数据和未来预测。初始信息收集工作要根据所分析的具体风险类型展开，包括战略风险分析、财务风险分析、市场风险分析、运营风险分析、法律风险分析等。

2. 进行风险评估

完成风险管理初始信息收集之后，财务共享服务机构应对风险管理初始信息、各项业务管理及其重要业务流程进行风险评估，包括风险辨识、风险分析、风险评级三个步骤。

3. 制定风险管理策略

财务共享服务机构应根据自身条件和外部环境，围绕机构发展战略，确定风险偏好、风险承受度、风险管理有效性标准，制定风险承担、风险规避、风险转移、风险转换、风险对冲、风险补偿、风险控制等适合的风险管理工具的总体策略。

4. 提出和实施风险管理解决方案

财务共享服务机构应根据风险管理策略，针对各类风险或每一项重大风险制定风险管理解决方案，一般包括风险解决的具体目标，所需的组织领导，所涉及的管理及业务流程，所需的条件、手段等资源，风险事件发生前、中、后所采取的具体应对措施及风险管理工具（如关键风险指标管理、损失事件管理等）。

5. **风险管理的监督与改进**

财务共享服务机构应以重大风险、重大事件、重大决策及业务流程为重点，对风险管理初始信息、风险评估、风险管理策略、关键控制活动及风险管理解决方案的实施情况进行监督，使用压力测试、返回测试、穿行测试和风险控制自我评估等方法对风险管理的有效性进行检验，根据情况变化和存在的缺陷及时加以改进。

（二）风险管理内容及防范措施

1. **IT系统优化风险**

财务共享服务借助IT系统来实现，系统设计将影响财务共享服务机构的稳定运营。重点应对措施包括：对IT系统现状进行充分评估，识别系统缺陷；尽量统一业务和系统的操作标准，减少系统的数量，降低接口难度；对财务共享服务机构员工进行培训，使其掌握各个业务系统功能并规范操作；实现各种流程、制度要求的系统固化，提升业务处理效率，减少差错。

2. **流程优化风险**

流程设计不合理会为财务共享服务机构的运营带来极大的阻力，导致工作效率低下、成本耗费大等问题。重点应对措施包括：对机构的业务流程现状进行充分调研和评估，清除冗余流程；对不断变化的业务需求进行分析改进，对流程进行监控、分析、调整和优化。

3. **业务变更风险**

财务共享服务模式下，业务单元以及操作流程设置不合理将影响财务共享服务机构的稳定运营。重点应对措施包括：按照成本效益原则确定方案；评估交接过程中的风险；强化验收测试环节；建立变更记录制度。

二、合规管理

合规管理是指财务共享服务机构按照外部法规和相关规章制度的要求制定内部规范，监督内部规范的执行，以增强内部控制，对违规行为进行持续监测、识别、预警，防范、控制、化解合规风险的一整套管理活动和机制。

合规管理的基本原则包括独立性原则、客观性原则、公正性原则、专业性原则、协调性原则。

（一）合规管理体系建设

1. **人员**

财务共享服务机构应安排具备合规经验的人员设计、运营和维护合规管理体系，并依据该体系框架管理法律、政策和道德风险。

2. **技术**

先进的技术工具有利于合规管理体系的设计、运营；完善的技术平台能有效整合各类风险，并帮助财务共享服务机构预防、监测道德合规风险，实现事后快速响应。

3. **制度**

财务共享服务机构应制定适当的制度，保证合规管理体系以合规风险为导向，并通过优化业务流程提高合规管理效率、降低合规管理成本。

（二）合规管理体系内容

1. **治理与领导力**

合规管理需要治理层、管理层、合规专业人员的设计、运行、维护和监督，并通过组织结构的合理设置确保合规体系的独立性和权威性。

2. **风险评估与尽职调查**

风险评估是合规管理的基础，有助于财务共享服务机构明确合规管理和尽职调查的重点。

3. **标准、政策与程序**

合规管理标准、政策、程序应清晰可执行，能有效控制财务共享服务机构产生合规风险的关键环节。

4. **培训与沟通**

为增强员工合规意识、提高员工履行合规义务的能力，财务共享服务机构应制定系统的、以风险为导向的培训沟通制度，并向各层级人员传达合规要求。

5. **员工报告**

员工报告制度应为员工提出合规问题、报告潜在合规事项提供安全、顺畅的渠道，提高合规管理的效果。

6. **案件管理与调查**

财务共享服务机构应明确各类合规案件的分类、优先级、管理职责和调查程序。

7. **测试与监控**

财务共享服务机构应定期测试合规管理体系设计和控制执行的有效性，并持续监控关键合规风险，在风险暴露初期采取相应行动。

8. **第三方合规**

财务共享服务机构的合规管理应延伸至第三方合作伙伴的合规管理，实现对合作伙伴关键风险领域的全流程风险筛查。

9. **持续改进**

为保证合规风险闭环管理，财务共享服务机构应明确合规管理改进策略，定期评估合规管理体系的有效性，并将测试监控的成果纳入改进工作。

三、应急管理

财务共享服务机构的应急管理应遵循体系健全、预防为主、分类分级、规范应对的原则。

（一）应急管理内容

1. **组织机构**

财务共享服务机构应建立应急管理组

织机构、应急工作责任制、应急协调机制，明确责任人及岗位职责。

2. **问题库**

财务共享服务机构应建立业务峰值和突发事件问题库，完善分级评估和专项应对机制，规范应急运行机制。

3. **演练**

财务共享服务机构应定期开展应急培训和演练。

4. **上报制度**

财务共享服务机构应履行突发事件逐级上报制度。

5. **监控频次**

财务共享服务机构应在月结/年结期间加大风险监控频次。

（二）应急管理流程

财务共享服务机构应急管理流程主要包括风险预防、风险预警、风险评级、风险应对等。

1. **风险预防**

主要包括：根据风险类型和风险级别制定针对性风险应急预案；每年至少组织一次应急演练，针对演练中发现问题，提出完善、改进风险应急预案的意见；制订详细计划，定期开展专兼职、跨部门专业能力培训，确保员工在业务风险出现时能及时应对。

2. **风险预警**

主要包括：及时监测业务待处理量和系统运行效率；分析业务处理进度和速度；对业务待处理量峰值压力和系统运行等问题进行预判；启动业务待处理量峰值压力预警和突发事件预警；当业务待处理量峰值降低时及时提出解除风险预警。

3. **风险评级**

财务共享服务机构在风险预警启动1小时内，根据风险持续时间等标准，完成风险评级，分级上报并进行应对。风险等级可以根据具体情况分为一般风险、重要风险、重大风险和特大风险。

4. **风险应对**

应坚持统一领导、分级负责、规范有序、反应快速、保障全面、协作密切、闭环管理的原则，根据风险类型和风险级别采取规范有效的应对措施，保障业务平稳运行。针对业务峰值风险，主要采取适当增加有效工作时间、合理统筹设备和人员等方式应对。针对系统宕机或网络中断风险，应采用备份策略、分散风险策略等应对。

风险应对应符合本机构HSSE相关管理要求，合理安排员工工作，分解工作负荷；应规范有效地依据相关应急预案开展工作，对应急预案未涵盖的突发风险，应及时上报请示后处理；风险解除后，应对重大和特大风险进行分析总结，对人为因素造成风险或应对措施不力产生不良后果的，视情节轻重对相关单位和责任人进行处理。

第六章　财务共享服务人才培养

财务共享服务机构的专业人才管理包括业务指导、专业培训、员工职业生涯规划、成长通道建设等。本章从财务共享服务的特点及不同发展阶段的人才需求的角度详细介绍了财务共享服务机构员工的职业发展与规划，从满足财务共享服务机构人才发展需要的角度详细阐述了人才培养的课程体系和培养模式，帮助财务共享服务机构了解自身需求，明确人才培养方向，保障财务共享服务机构员工能以合格的专业技能、良好的心态投入工作，创造效益。

第一节 职业发展与规划

一、职业规划

职业规划包括职业定位、目标设定和通道设计，应由员工本人和财务共享服务机构共同努力完成。财务共享服务机构提供必要的教育、培训、轮岗等发展机会。主要涉及以下几项内容：

（一）建立健全员工职业发展通道和任职资格体系

财务共享服务机构应基于自身特点设计未来多维度发展通道。一般情况下分为专业通道和管理通道，保障员工既能够实现纵向的发展，又能够在满足一定条件的情况下实现横向的跨越，给员工提供广阔的发展空间。

财务共享服务机构应细化岗位差异级别，基于从业人员的工作经验设定基本的职务级别，并给予差异化待遇；建立基层管理者选拔机制，为基层员工创造职业发展机会。

财务共享服务机构应通过相关岗位业务融合、轮岗、拓展性业务培训等形式，保证员工能够全面掌握财务知识，提升其专业技能，增强其职业竞争力。

财务共享服务机构应为满足条件的员工提供外部岗位机会，通过基础工作培训、业务岗位训练，使员工能够向业务财务、战略财务转型，成为能够为企业提供财务决策的财务人才。

（二）满足财务共享服务机构不同发展阶段的人才需求

在建设初期阶段，侧重于服务型人才培养，注重财务专业能力、沟通协调能力、信息系统操作能力的培养。

在优化提升阶段，侧重于对员工标准化财务服务、流程优化与系统架构设计能力的培养。

在卓越运营阶段，侧重于专家型人才的培养，注重业务专家、流程专家、卓越运营专家三类专家人才的培养。

（三）构建财务共享服务机构岗位框架

财务共享服务机构岗位主要分为作业人员、信息人员、管理人员、各类专家人员四类。不同的财务共享服务机构结合不同的发展阶段可以根据自身需要选择不同的人才配比。

二、培养方向

（一）初级人才培养

初级人才是应用型技术人才，为财务共享服务机构的基层核算及管理人员。初级人才应认同共享理念，具备相应的学历，掌握基础财务理论知识，具备基础信息系统操作能力，拥有良好的服务意识。初级人才是财务共享服务机构良性运转的基石和储备性人才。

（二）中级人才培养

中级人才主要是专家型财务管理人才，为财务共享服务机构中层管理人员，是财务共享服务领域流程专家。中级人才应具备较高的财务业务理论素养，具备流程设计与优化改进的能力、数据化理念与前瞻研究能力、共享运营管理能力。中级人才是财务共享服务机构有效运营的骨干力量。

（三）高级人才培养

高级人才主要是战略型企业管理人才，为财务共享服务机构战略型领导人才，是财务共享服务领域优秀的全流程专家。高级人才掌握财务管理的核心，能够识别和控制风险，具备共享流程设计和再造能力。高级人才是财务共享服务机构未来发展战略的规划者和引领者。

三、能力要求

财务共享服务从业人员应当具备从事财务共享服务所需要的专业能力和素质，并能通过培训获得相应能力的提升。财务共享服务人才培养以技术人员培养为主。按照财务共享服务从业人员知识结构、能力框架，可将人才的能力和主要职业发展阶段划分为初级、中级、高级三个层次。

（一）初级能力要求

基本业务能力包括会计核算、报表出具等财务专业能力，基本数据加工能力，合规执行能力，等等；商业服务能力包括基本信息系统操作能力、共享运营管理能力、沟通协调能力、培训输出能力及服务承诺兑现能力等。

（二）中级能力要求

基本业务能力包括业务处理能力（会计核算、办公室软件应用、相关系统模块的具体操作）、报表综合运用能力、数据分析与治理能力、风险控制能力、财务管理能力、管理分析能力、审计与鉴定能力等；商业服务能力包括财务标准体系构建与整合能力、流程再造能力、项目管理能力、流程优化与系统落地能力、新技术掌握与运用能力、创新能力、共享流程与职责设计能力、共享流程精益管理能力、客户关系管理能力等。

（三）高级能力要求

基本业务能力包括业务处理原理分析能力、公司财报首席财务官（CFO）级应用能力、数据资产管理能力、数据建模能力、风险管理与治理能力、管理会计能力、顾问与咨询能力、利益相关方管理能力等；商业服务能力包括变革管理能力、开拓创新能力、领导力与管理能力、战略发展与管理能力、集团级流程与系统顶层设计能力、共享服务建设设计能力、共享战略规划能力、共享发展趋势分析能力等。

四、人才能力应用

财务共享服务不同阶段的岗位设置和团队配置不同，对人才能力的需求也不同。在规划建设阶段，需要专业能力强，具备统筹规划和项目管理能力的中级、高级人才；在建设初期阶段，对掌握基础财务核算能力和基础信息系统操作能力的初级人才需求较大；在优化提升阶段，财务共享服务规模扩大，需要增加具备管理能力、流程优化和系统优化能力的中级人才；在卓越运营阶段，财务共享服务业务更加多样化、专业化，需要更多的中级、高级人才来支撑财务共享服务的运营和未来发展规划。能力需求与人才配置如表6–1所示。

第二节　人才培养

一、培养目标

培养优秀的财务共享服务行业从业人员，使其获得专业资格认证，进一步提升其专业能力、管理能力和国际交流能力，把中国财务共享服务行业人才队伍建设提高到一个新的水平。

财务共享服务行业从业人员应从职业

表 6–1　能力需求与人才配置

阶段划分		能力需求	团队配置	人才配置及占比	来源渠道
规划建设阶段		统筹规划能力、项目管理能力、财务专业能力、信息技术能力	项目建设团队、信息系统顾问	高级人才占20%~30%、中级人才占60%~70%	企业中层领导、企业财务骨干、企业信息技术骨干
运营阶段	建设初期阶段	沟通协调能力、财务专业能力、信息技术能力、培训输出能力	业务推广团队、信息系统顾问、业务处理团队	高级人才占5%~10%、中级人才占10%~20%、初级人才占60%~80%	企业财务人员
	优化提升阶段	管理分析能力、财务专业能力、信息技术能力	经营管理团队、信息系统顾问、业务处理团队	高级人才占10%~20%、中级人才占10%~20%、初级人才占50%~60%	外部人才招聘、内部人才培养
	卓越运营阶段	管理分析能力、开拓创新能力、前瞻能力、财务专业能力	经营管理团队、流程优化团队、智能开发团队、专家咨询团队	高级人才占20%~30%、中级人才占20%~30%、初级人才占40%~50%	外部人才招聘、内部人才培养

注：各阶段人才配置及占比根据各财务共享服务机构的具体情况而定，不完全相同。

品质、职业态度、职业行为、职业技能四个方面进行培养[①]，只有它们合力发挥作用，才能得到最佳效果。

职业品质培养目标：通过责任心、敬业、成功学等方面的培训，培养极具耐性和具有高度责任感的员工。

职业态度培养目标：员工积极主动地投入工作，并为组织创造更好的绩效，体现为工作心态乐观、服务客户热情。

职业行为培养目标：职业行为包括业务行为和沟通行为。通过对时间管理、团队协作、压力管理等能力的培养提高员工的工作效率；通过沟通技巧和商业礼仪方面的培训提高员工的沟通效率。

职业技能培养目标：不同岗位、不同层级的员工应具备满足相应业务活动需要的技能。

二、培养内容

根据企业对财务共享服务人员能力的要求，人才培养的内容主要包括会计处理与报告，流程与改善/创新，控制、合规与治理，领导力与变革管理，数字与技术，全球商业服务（GBS）组织建设与运营，等等。人才培养应侧重组织价值观、专业技能、综合素质及管理能力的培养，应以理论学习为基础，以实际应用为主，以项目实例作为培训的教材[②]。

三、课程体系建设

参照培养内容，分初级、中级、高级三个层级进行课程体系建设。

（一）初级课程

会计处理与报告。应包括主要的会计处理[从记录至报告（R2R）、从采购至付款（P2P）、从报价至付现（Q2C）]、报表出具、报告出具、内控稽核、综合能力等。

全球商业服务组织建设与运营。应包括共享服务理念与基础、个人效能、服务能力培养、行为与专业精神、关系管理等。

（二）中级课程

会计处理与报告。应包括会计原理、报表综合应用等。

流程与改善/创新。应包括六西格玛简介、持续改进与创新等。

控制、合规与治理。应包括治理工具[标准操作流程（SOP）、企业标准]、职业道德、风险管理、审计角色、国际财务报告准则、公认会计准则等。

领导力与变革管理。应包括变革管理、标准体系构建、项目管理等。

---

① 张庆龙.财务转型大趋势：基于财务共享与司库的认知[M].北京:电子工业出版社,2018:203-204.

② 李耀峰.财务共享服务本土化研究[D].西安:西安建筑科技大学,2012.

数字与技术。应包括企业级应用系统设计、区块链、机器学习、网络安全、数据建模、人工智能等。

全球商业服务组织建设与运营。应包括全球商业服务职责设计与管理组织文化、行为和价值观、人才培养与保留、员工管理、绩效管理、客户管理等。

（三）高级课程

会计处理与报告。应包括公司财报首席财务官级应用与分析等。

流程与改善/创新。应包括精益六西格玛深入学习、高级精益财务等。

控制、合规与治理。应包括企业社会责任（CSR）、企业全局风险管理、公司治理等。

领导力与变革管理。应包括领导力、引领变革、利益相关者管理等。

数字与技术。应包括数字化转型战略、数据资产价值管理、管理数字化变革、金融数字化转型等。

全球商业服务组织建设与运营。应包括战略规划组织设计、迁移实施、组织发展等。

四、培养方式

（一）培训方式

培训方式为理论与实践相结合。理论培训主要包括内部培训、外部培训及线上培训等。实践培训主要包括业务实操、现场观摩及岗位实习。

1. 理论培训

（1）内部培训

一是共享企业聘任优秀且经验丰富的员工作为内部讲师对员工进行培训。内部培训能够有针对性地解决现阶段员工工作中面临的问题，如新员工入职、政策解读、新技术的应用及操作等。

二是采用“一对一”的指导方式（导师制或师徒制）进行培训，让老员工带动新员工、骨干人员带动年轻员工，针对性解决员工职业生涯进程中的各种个性化问题，是员工快速成长、晋级的有效通道。

（2）外部培训

企业在由传统财务向共享财务转型的过程中，企业财务人员虽然专业能力强，但却缺乏对财务共享的了解。通过聘请专业的培训讲师和团队，员工集中学习岗位所需要的知识和技能，可快速掌握体系性的知识和技能。

随着信息技术的飞速发展，财务共享乃至整个财务行业都在不断更新和变革。为满足企业发展和共享企业员工自身职业发展的需要，应激励员工主动参与学历提升及相应职业资格认证。

（3）线上培训

随着移动互联网的发展，可以更多地利用在线培训系统。这样员工可以不受时间与地域的限制，随时随地参与培训。线上培训以多媒体、多感官的形式呈现培训内容，不会枯燥无味以致让员工失去兴趣。

2. **实践培训**

实践是检验真理的唯一标准，需要把培训内容有技巧地融入员工实际工作中。员工聚在一起，谈论在工作中获得的经验和体会，可以让其他员工也体会到类似情境，以有效地解决问题。

（二）培训要求

1. **理论培训**

理论培训应完成相应级别课程体系要求的全部课程并达到相应课时要求，通过考核取得专业资格认证。

2. **实践培训**

应在财务共享服务信息平台模拟平台进行相应时长的业务实操训练。

财务共享服务机构可在确保信息安全的前提下为参加培训人员提供现场观摩学习场所。

财务共享服务机构可为完成理论培训的人员提供岗位实习的机会，促使其了解财务共享的相关管理制度和岗位职责，掌握对应的工作流程和操作规范。